本书获浙江省哲学社会科学重点研究基地
浙江学术文化研究中心资助

本书作者与吴熊和先生

吴熊和学术年谱

李剑亮 著

浙江大学出版社
ZHEJIANG UNIVERSITY PRESS

序

日前，李兄剑亮教授发给我他写的《吴熊和学术年谱》稿，要我为这年谱写个序。我虽然曾为自己担任责任编辑的书写过不少前言、出版说明、凡例之类的文章，但从来没有写过序言，更不要说是为学术著作写序，而且这书写的还是我所敬仰的吴熊和老师。接到这个任务，真是有点诚惶诚恐，因为吴老师的学识人品、道德文章，对我来说一直都是高山仰止的存在。虽然我也算是吴老师"弟子三千"中的一员，但毕竟未入门墙，也不做学问，因此我几番推托，建议剑亮兄请吴老师的老同事或他的得意门生来写，但剑亮兄一再坚持，我也只好答应先看完了书稿再说。

我认真地读了剑亮兄这本《吴熊和学术年谱》稿，跟着年谱重温了吴老师的一生，特别是他为学、为师的学术生涯，感慨良多，特别是其中有相当一部分内容，是与我有交集的。

作为学生，毫无疑问，我是在课堂上认识吴老师的。大概是在 1980 年开年前后，冬天还没过去，吴老师给我们上古代文学唐宋段的作品选课。他穿一件中式棉袄，拿一本《中国古代文学作品选》，在讲台上神采飞扬，侃侃而谈，却很少去看书，讲到某一首词，除了这首词本身的内容、艺术特点等等，凡与这首词相关的史实、社会背景,词人的身世遭际、趣闻轶事,相关的诗歌、文章,同时代或后代的研究评论,等等,吴老师都信手拈来,随口而出,娓娓道来,并用他那潇洒飘逸的书法,竖写于黑板上。听吴老师的课,确实是一种享受,不仅深入浅出,而且学术含量很大,如果仔细听了,又能够认真地做笔记,那一堂课就是一篇很好的文章。若能细加体会,做学问的门径也能慢慢清晰起来。只是那时候本人学养太浅,读过的书太少,学问的智窍根本没有开启,所以也就这样错过了。

作为恢复高考后杭州大学中文系78级的学生,我们是非常幸运的。因为有像吴老师那样一群好老师,他们学问高,为人正直,对学生就如同对自己的孩子一样。在学习中无论遇到什么问题去问老师,都能得到一个满意的答复。老师们关注学生的读书和思考,喜欢与学生谈学问,引导学生关注学术问题,而对考试成绩则并不太在意,记不清是吴老师还是蔡义江老师说的,八十分与九十分只是一念之差。而选修蒋礼鸿先生的"目录学与工具书"的课程,考试就更简单,蒋先生的考试只写了四个字,要求写出这四个字的四角号码。开考不久,就有同学交卷,蒋先生当场批卷,带着浓重嘉兴口音的普通话随之从讲台上传出来:"一个一百分,又是一个一百分……"几十年过去,这样的声音仿佛仍在耳边。蒋先生还有名言:研究生嘛,也就打打基础。而吴老师对硕士生、博士生的要求可能就要高一点、严一点。记得跟吴老师的一位得意门生、我的好朋友一起外出开会,他说起自己写的几篇论文交给吴老师,已经好长时间了,吴老师似乎还是不满意,他心中忐忑。我跟他说,其实你把文章发出来,吴老师也许就认可了。后来他的文章发出来了,果然得到了吴老师的肯定。有一次去吴老师家,看到吴老师正在审阅一篇博士论文,厚厚一叠,估计有几十万字。我说这博士论文要写这么多啊！吴老师回答说:博士论文嘛,三十万字总是要的。正是因为有吴老师这样的老师,我们的同学们在本科阶段慢慢地生发出对有关学科的兴趣,关注自己感兴趣学科的学术动态。本科毕业的时候,有的就考上了自己喜欢专业的研究生,大部分到了工作岗位的同学也能发挥相应专业的能力。而吴老师所带的近二十位博士,基本上都成了各自领域里的权威专家。从吴老师身上,我真正体会到了"学高为师,身正为范"的含义。吴老师可说是为师的典范。

吴老师也是为学的高标。我读剑亮兄的这部年谱,感觉吴老师就是为学而生,为学而活。他的兴趣、他的爱好、他的使命就是学问。他的一生就是在读书做学问中度过的。

记得我毕业一年以后,从省级机关调到了出版社,接手当时已经分册出版、准备合订成上下册的《高中古代诗文助读》的编辑工作。这套书由杭州大学中文系古代文学教研室的老师集体编撰。当我第一次以编辑身份与老师们见面的时候,吴老师跟其他老师介绍,这是我们中文系分配到省级机关而愿意调到出版社工作的学生,其赞赏之情、欣慰之色溢于言表。从这一种书开始,前后将近三十年,我与吴老师有了更为密切的交往,也有更多机会聆听吴老师的教诲和指导。在这个过程中,深深感受到吴老师读书的认真和学问的深厚。

每一次去吴老师家,毫无例外地都看到吴老师在看书。记得有一次吴老师去美国探亲回来,我去看他,竟然发现吴老师的书桌上摊着一本书,是《全宋词》第三册,书上密密麻麻写满了各种札记和批语,我觉得吴老师对《全宋词》应该非常熟悉了,所以我说:吴老师,你怎么还在看《全宋词》? 吴老师说,几个月没看了，要看看。外出开会，也不忘带一本书。复旦大学王水照教授的纪念文章就记录了吴老师到上海参加学术讨论会，王教授在晚间去看他时发现他在看《马一浮集》的事。吴老师也常送我他新出的书，向我推荐他在看的书，甚至包括叶永烈写"四人帮"的传记。他读书专精而又博洽，因此他既能从微观角度做考据文章，也能写出《唐宋词通论》这样的体大思精之作。吴老师早年熟读唐宋诗词，以及与专业相关的各种总集、别集、史籍、笔记等历史文献，晚年又潜心于清词的收集和研读。他门下的博士，有好几位的博士论文就写的是清词研究，而这些论文的选题，大多都是在吴老师研读清词后提出来的。吴老师的《唐宋词通论》，施蛰存先生谓"研究词学者，以此书为初阶，则有关词学之基础知识，大致可得"，认为是词学研究的入门之作。而商务印书馆出版的"浙大学术精品文丛"则认为是"20世纪50年代后最富于系统性的一部词学专著。它对词学研究迄今取得的成就作了总结性论述，建构了词学研究的整体框架"。我觉得商务的这个评价是中肯的，《唐宋词通论》是词学研究领域的一座山，不管这座山在后人眼里是高是低、是大是小，凡是做词学研究，应该都是绕不过去的。吴老师在《唐宋词通论》的最后一章，提出了词学研究的八大课题，这些课题，有的已经完成，有的还在进行中。其中《唐宋词汇评》和《中国词学大辞典》就是吴老师亲力亲为的著作，与《唐宋词通论》的学术研究也是一脉相承的。而《吴熊和词学论集》的文章，则是吴老师对上述八大课题用"涓滴细流"的研究所做的"扎实有用的打基础的工作"。

　　吴老师到了晚年，病情逐渐加重，身体已经吃不消大篇文章的撰写，但他的思维还是很活跃，思路也很是清晰。他就用写诗的方式记录他的学术研究成果和感悟，《论词绝句一百首》就是在这样的情况下写的。到最后只能坐在轮椅上，手也握不住笔，还以谈话的方式与沈松勤、陶然、李保阳等人述说他做学问的体会，他对词学研究的思考，如词集校勘的问题，词与地域文化的问题，清词研究的问题，等等。可以说，吴老师为学术研究已经到了呕心沥血、鞠躬尽瘁的程度。记得我曾经跟吴老师说过，等我退休了，就来帮吴老师做他想做而没办法做的事情，请他讲，我记录、整理，但是天不遂人愿，在我退休前一年，吴老师就永远地离开了我们。

　　吴老师平易近人，豁达洒脱，尊师爱生，不计名利，更是为人的楷模。吴老师的学问很高，我们读书时，同学们都不大敢跟吴老师接触，其实吴老师丝毫没有架子。我到出版社不久，因为上海辞书出版社《唐诗鉴赏辞典》的热销，想编撰一部古文的鉴赏辞典。我请吴老师来出任主编组织编写，吴老师觉得应该请国内声望更高的老先生来担此重任，于是向我推荐了华东师范大学的徐中玉先生，而自己则应徐先生之邀担任副主编。虽然只是副主编，但同样承担了组织部分篇章的编写，参与书稿的审读、修改、统稿等工作。在《古文鉴赏大辞典》尚在编校、排印之时，我又向吴老师咨询，拟组织编写古代诗词曲类的鉴赏辞典，吴老师则认为现在鉴赏辞典已经很多，要让图书能够在学界立足，应该提高图书的品位，做学术类的图书。因此有了后来的《唐诗汇评》、《唐宋词汇评》和《中国词学大辞典》、《中国曲学大辞典》、《中国诗学大辞典》的编撰和出版。这些书虽然都是我担任责任编辑，但是如果没有吴老师的悉心指导，没有吴老师在其中所花的大量心血，特别是在学术上的把关，也许这些书的成功会大打折扣。其中《中国词学大辞典》和《唐宋词汇评》，由吴老师亲自担任主编，他对这两部书的编撰方略、体例设计，统揽全局,提出了非常有建设性的意见。《唐宋词汇评》中的"考证"和"编年"两个栏目,就是吴老师提出来坚持要做的,这也是为他正在着手编著的《全宋词人名地名作年考》、《全宋词编年》所做的基础性工作。吴老师还拖着病体,亲自动手做了《唐宋词汇评·两宋卷》第四册的编写工作。《中国词学大辞典》虽然有三位主编,且因吴老师的谦让和推荐,由华东师范大学的马兴荣先生担任第一主编,但在编撰过程中,吴老师的作用非常之大。比如涉及词学基本理论的基础性条目的设立,辞典如何分类,以及江浙沪三地作者如何协调等等,吴老师都提供了非常好的方案,并几次与其他两位主编及编委一起商议,一起审稿、统稿,不做只是挂名的主编。在出版社的组织安排下,词学、诗学、曲学三部大辞典的主编一起开了协调会,以求贯彻编辑意图,保证三书体例的基本一致。在这方面,吴老师起到了出版社与作者的协调、沟通作用,保证了三本大辞典的学术质量。

我所经手编辑出版的这些图书,包括后来的《蒋礼鸿集》(吴老师任主编)、《王国维全集》(吴老师任学术顾问),在专业上、学术上都与吴老师有着直接或间接的关系,所以我经常向吴老师请教学术问题,咨询有关图书编撰的方案,也有机会跟吴老师一起参加一些学术会议,跟着吴老师拜访国内顶尖的学术权威。如 1990 年,与吴老师一起去南京师范大学参加"首届唐宋诗词国际研讨会",其间与《中国词学大辞典》的几位主编、编委开了一个碰头会,一起拜访了唐圭璋和程千帆两位学界耆宿。2003年,我陪吴老师一起参加了华东师大举办的施蛰存先生百岁华诞、徐中玉先生九十华诞的庆典。行前,负责此事的谭帆兄给我电话,问我吴老师的身体状况,能不能出来。我说你发邀请吧,他可以出来的话我陪他一起来。在这次活动中,吴老师又带我拜访了徐中玉和钱谷融两位老先生,还专门写了纪念文章,并写了祝贺施蛰存先生百年大寿的《临江仙》词。这次去华东师大,是吴老师最后一次离开杭州。这时候他的身体已经很不好,当时还没有动车、高铁,四个多小时的火车坐下来,吴老师的脚都肿胀了,回来的时候我还专门准备了一双拖鞋给吴老师在车上穿。我和吴老师住在华东师大宾馆,其间,华东师大齐森华等老师来看他,跟他说:"你身体不好,怎么还来?"吴老师回答:"老师的事情,我能不来吗?"当年杭大中文系出面编《蒋礼鸿集》,请吴老师出任主编,吴老师觉得为老先生编集子,是后辈学人责无旁贷的事,欣然允诺。尊师爱生是吴老师几十年如一日的行为准则。他病情加重,行动已经很不方便,手也握不住笔,还写了很多怀念老一辈学人的诗。除了缅怀恩师夏承焘先生,还写了一组《诸老杂忆》,所忆者有程千帆、钱仲联、徐中玉、钱谷融、许杰、徐震堮、陆维钊、任铭善、林淡秋、王起;还有《岁暮怀人绝句十首》,所怀者有陈贻焮、王水照、严迪昌、王元化、徐步奎、邹志方、陈祖美、吴汝煜、周子美、林玫仪,可见他对老师的尊敬和对同侪的情谊。

吴老师无论是参加学术会议还是在刊物上发文章,没有一篇是与人商榷、与人辩论的。如果他的观点与他人不同,也仅仅是阐述自己的观点,将自己的观点讲清楚,同时也非常尊重他人的观点。我跟吴老师前后三十来年的交往,跟他谈到过很多方面的话题,没有一次听他在背后议论别人;谈及他人,也大多是肯定。因此,吴老师确实称得上是一个真正的谦谦君子。

吴老师离开我们已经快八年了,他的音容笑貌仍如在眼前,他是为师的典范,为学的高标,为人的楷模,是我一辈子都会怀念的人,也是我一辈子学习的榜样。

剑亮兄要我为这本书写序,拉拉杂杂写了以上这些。写完了还不知道能不能这样写。

郑广宣　2020 年 5 月于杭州

目　录

吴熊和学术年谱

　　吴熊和先生(1934—2012),上海人,当代著名词学家、古代文学研究专家。1950年代自华东师范大学中文系毕业后,考入浙江师范学院中国古典文学研究班,师从夏承焘先生研治词学,其后留校执教于杭州大学、浙江大学中文系。吴熊和教授以毕生精力发扬光大了夏承焘先生的词学传统,为新时期以来的词学研究做出了卓越贡献,以《唐宋词通论》、《吴熊和词学论集》、《唐宋词汇评》等著作享誉海内外。

1934年　1岁

　　5月21日(农历四月初九),出生于上海邑庙区(今黄浦区)方浜中路45弄3号。

　　《浙江师范学院学生登记表》(1955年10月20日填写)对家庭情况有如下叙述:家庭地址为上海邑庙区方浜中路45弄3号,"家庭人口共七人,主要成员为我父亲和母亲,其余为外祖母,一个妹妹,两个弟弟(一弟一妹团员)。父亲张应才,家庭出身贫农,个人出身学徒。后学医(中医)当医生。……一直到现在。解放后思想较进步。母亲吴应清助产士,思想亦较开通。

我父亲现在争取入党。我家无被镇压、管制劳改的,也没有在海外的。"(浙江大学档案馆藏《吴熊和档案》)

1939 年　6 岁

9 月,上海类思小学读书。

1942 年　9 岁

9 月,从上海类思小学转入上海华实小学读书。

1943 年　10 岁

2 月起至 8 月,在家自学。

9 月,上海中法中学(现名光明中学)读书。其间,曾参加学校组织的前往法驻沪领事馆的游行示威。

1944 年　11 岁

上海中法中学读书。

1945 年　12 岁

上海中法中学读书。

1946 年　13 岁

上海中法中学读书。

1947 年　14 岁

上海中法中学读书。

1948 年　15 岁

上海中法中学读书。

1949 年　16 岁

上海中法中学读书。

1950 年　17 岁

2月，上海中法中学高中毕业，由远房亲戚郭秀石介绍到上海华东小学当教员。一月薪金为六斗米。该校为私立学校，连校长在内共五人，是所谓"弄堂小学"。其间，参加中华全国总工会。曾用别名吴钲。（浙江大学档案馆藏《吴熊和档案》）

1951 年　18 岁

9月，离开上海华东小学。考入华东师范大学中文系。任课老师有徐中玉、钱谷融、许杰、徐震堮等名师。还聆听了前来讲学的胡风先生的讲座。

《词学访谈录》："我最初求学于上海华东师范大学中文系，诸名师如徐中玉、钱谷融、许杰、徐震堮诸先生等皆曾亲承謦欬，给我留下很深的印象。那时胡风也曾来华师大做过讲座。胡氏光头，挥汗如雨，讲座中手摇蒲扇，放言高论，当时觉得他讲得真好。……徐震堮先生教给我的做索引的方法。他是典型的述而不作,通世界语和多国文字,其《梦松风阁诗文集》中,诗词极精,但无意著述。他与夏承焘先生交好,当年常怪夏先生文章写得太多,适足自累。那时我也年轻,兴趣广泛,什么书都找来读,包括先秦以下的古籍,也包括文艺理论,我在大学时不搞词的,兴趣更接近文艺理论领域。"(吴熊和、陶然《词学访谈录》,《中文学术前沿》第 1 辑,浙江大学出版社,2011 年,第 71 页)

吴熊和《诸老杂忆》(2008 年作),有一首专写徐震堮先生。曰:"博通外籍远冥搜,不落言诠亦上游。谁撰当今高士传,兴来兴往觅行舟。"自注曰:"徐震堮先生,通多国文字,学问既博且精。但除翻译及《世说笺疏》外,无意著述,其《梦松风阁诗文集》,以诗词见长。读书每有精义,瞿禅师多予称引。"(《吴熊和先生诗词选》,沈松勤编《庆贺吴熊和教授从教 50 周年论文集》,浙江大学出版社,2008 年,第 63 页)

《吴熊和先生晚年谈话录》:"我在华东师大读书时,有一位老师最为敬佩,他也曾在杭大教过书,五十年代院系调整时调至华东师大,叫徐震堮。他从来不写文章,但校注古书而已,还说夏先生文章写得太多了。他的学问不知道有多少好啊!果然,‘文革’祸起,夏先生是被批斗得最惨者之一。这一辈老先生经见的世事多,有他们的一套为人治学方式。"(李保阳整理《吴熊和先生晚年谈话录》,《词学》第 32 辑,华东师范大学出版社,2014 年,第 227 页)

11 月至 12 月,参加华东师大皖北土改工作队,赴安徽宿县参加土改。撰写《参加皖北宿县土地改革的思想总结》。

夏承焘《天风阁学词日记》:一九五一年"九月廿五日:午后往浙大听林乎加部长讲土改,谓大学知识分子对此国家大事而无知识,老去时何以对儿孙问,留学外国时何以对外国人问。又

谓当认识参加土改工作是改革课程方法之一,是业务必修课之
一。又谓乡村生活自甚苦,然农人生活已数千年,我们当去体验
三个月云云。三时散,分组讨论。(每十人左右一组。)予报告嘉
兴土改经验,文心慧报告余杭土改经验。文生谓土改回校后,治
学比前勤奋。""十月七日:五河土改今日出发。午后与长寿、伦
清、屡平雇车往城站,少顷浙大队伍来欢送者放鞭炮,献花。三
时许上火车,车中甚拥挤,抵沪已夜,微雨。九时换往南京车,慢
车甚颠簸,一夕无眠,殊困顿。到上海时,周予同来访,复旦师生
六百余人,亦以今夕首途,往五河。浙大师生一百十三人,分九
小队,予与操南、李树化诸君皆属第九队。""十月九日:十时抵五
河。五河民众列队欢迎,腰鼓中杂以笙管、花炮。地方同志导入
大戏院中,乃指派与浙大者苇秆盖新房,尚明敞。席地开铺,可
容百五六十人。另有数小房,安置女生及老年教师。组织部欲
予迁入,予辞之。"(《夏承焘集》第七册,浙江古籍出版社、浙江教
育出版社,1997年,第194页)

1952年　19岁

在华东师范学院中文系读书。

在学校参加思想改造运动和三反运动。

1953年　20岁

在华东师范学院中文系读书。

9月,浙江师范学院(杭州大学前身)中文系古汉语、古典文
学两个专业开始招收研究生,古汉语专业导师为姜亮夫教授,古
典文学专业导师为夏承焘教授。

1954 年　　21 岁

在华东师范大学中文系读书。

5月至6月,在华东师范大学附属中学第一次实习。试教高中语文第四册"公输"课(与黄冠星合教)。(浙江大学档案馆藏《吴熊和档案》)

11月至12月,在华东师范大学附属中学第二次实习。试教初中语文第五册"古代英雄的石像"课,作评卷报告两次。同时还实习初三戊班班主任工作。(浙江大学档案馆藏《吴熊和档案》)

1955 年　　22 岁

上半年,在华东师范大学由王明堂、朱发良介绍入团。

7月,华东师范大学中文系毕业。填写《毕业生登记表》。工作志愿:"无条件服从国家统一分配。"(浙江大学档案馆藏《吴熊和档案》)

7月至9月,在华东师大参加肃反运动。(据浙江大学档案馆藏《吴熊和档案》)

9月,考入浙江师范学院中文系中国古典文学研究班。

《词学访谈录》:"1953年教育部指定在浙江师范学院开设古典文学研究班,1955年我自华师大毕业后,就来杭州读研究班,先后受教于夏承焘、姜亮夫、胡士莹、王焕镳、钱南扬、郦承铨、陆维钊、任铭善诸先生,眼界大开,渐窥治学堂奥。那时读经史之学的书较多。"(吴熊和、陶然《词学访谈录》,《中文学术前沿》第1辑,浙江大学出版社,2011年,第71页)

10 月 28 日,与其他研究生一起随夏承焘先生(56 岁)游览水星阁,观看张镃舍宅发愿疏石刻及楼钥碑。

夏承焘《天风阁学词日记》1955 年 10 月 28 日:"今日讲《诗经》时代的社会形态。午后与研究生沈家骥(海宁)、吴熊和(上海)、倪复贤(兰州)、周满江(汜水)同游水星阁,看张镃舍宅发愿疏石刻及楼钥碑。"(夏承焘《夏承焘集》第七册,浙江古籍出版社、浙江教育出版社,1997 年,第 488 页)

11 月 4 日,参加研究生座谈会,教研组明确吴熊和等 3 位研究生由夏承焘先生指导。

夏承焘《天风阁学词日记》1955 年 11 月 4 日:"夕,古典文学教研组与语言学教研组研究生开座谈会,予与亮夫报告研究计划。予指导侯志明、王开富、吴熊和三研究生,两年间全盘负责。"(夏承焘《夏承焘集》第七册,浙江古籍出版社、浙江教育出版社,1997 年,第 461 页)

11 月 9 日,与其他 2 位研究生一起到夏承焘先生家,约定每周讨论一次,两周检查一次。

夏承焘《天风阁学词日记》1955 年 11 月 9 日:"夕,研究生吴熊和、侯志明、王开富来谈,至九时去。三生皆由予指导两年者,以后每星期接见一次,两周向其检查一次。"(夏承焘《夏承焘集》第七册,浙江古籍出版社、浙江教育出版社,1997 年,第 489 页)

12 月 30 日,撰写的学期论文,夏承焘先生认为"颇好"。

夏承焘《天风阁学词日记》1955 年 12 月 30 日:"夕,研究生来谈李煜词。吴熊和写一论文,颇好。"(夏承焘《夏承焘集》第七册,浙江古籍出版社、浙江教育出版社,1997 年,第 503 页)

1956 年　23 岁

在浙江师范学院中文系读研究生。

1 月 10 日,接受夏承焘先生指导。

夏承焘《天风阁学词日记》1956 年 1 月 10 日:"晨八时方起。心叔来,与商治《香山集》。心叔谓当整理词学诸书,稍稍休息再着手。夕,研究生来,亦与谈此事,思集众力为之。吴熊和谓《闻一多集》中有整理唐诗计划。当作函问(浦)江青。"(夏承焘《夏承焘集》第七册,浙江古籍出版社、浙江教育出版社,1997 年,第 506 页)

10 月 15 日,协助夏承焘先生整理《词源注》书稿。

夏承焘《天风阁学词日记》1956 年 10 月 15 日:"夕,研究生来商作论文,侯志明、倪复贤欲为予整理《词例稿》(一部分),吴熊和欲为予整理《词源注》稿。"(夏承焘《夏承焘集》第七册,浙江古籍出版社、浙江教育出版社,1997 年,第 560 页)

10 月 22 日,与其他研究生共 9 人随夏承焘先生赴金沙港"燕南别墅"拜访盖叫天。听盖叫天讲述其扮演林冲、武松等角色的经历与体会。

夏承焘《天风阁学词日记》1956 年 10 月 22 日:"午后,与研究生九人往金沙港访盖叫天。听其谈演林冲、武松、朱仝诸角色,如何体验生活琢磨艺术,历二小时,且谈且演,时时以巾拭汗。前日见《戏剧报》有其所述《粉墨春秋》一文,载幼年学戏艰苦情况。今日谓近人演吕蒙正,唱'吕蒙正出寒窑,风雪当道;老天爷杀穷人,何用钢刀'二句,因无穷苦生活经验,便不能近情,语语令人感动。盖老三十年前即造屋居此,屋甚旷敞,有大厅陈列古玩书画,厅外布置花木,楚楚可爱。谓当时费钱六千元,近以坏于台风，省政府方为修理。盖老今年七十岁，将往上海重摄电影。屋额马湛颂为书'燕南别墅'四字，厅额吴湖帆为书'百忍堂'三字。"（夏承焘《夏承焘集》第七册，浙江古籍出版社、浙江教育出版社，1997年，第562页）

11月9日，与雪克一起，为夏承焘先生校对《唐宋词论丛》清样。

夏承焘《天风阁学词日记》1956年11月9日："校《唐宋词论丛》。雪克、吴熊和助校数种。"（夏承焘《夏承焘集》第七册，浙江古籍出版社、浙江教育出版社，1997年，第568页）

11月14日，接受夏承焘先生指导。

夏承焘《天风阁学词日记》1956年11月14日："以《词例》稿一册交侯志明为论文，研究生选予出论文题共六人，予皆令其整理予所札稿。为词调演变者，侯志明、倪复贤；为词体释例者，周满江；为词源笺注者，吴熊和；为韦庄词注者，刘金城。"（夏承焘《夏承焘集》第七册，浙江古籍出版社、浙江教育出版社，1997年，第569页）

11月25日，夏承焘先生撰写了《读词须知》大纲，建议吴熊和写成《读词初步》一书。

夏承焘《天风阁学词日记》1956年11月25日："夕，写一《读词须知》大纲，属吴熊和写成一书。予所札《词例》及《填词四说》可增删为之。书成可名《读词初步》。"（夏承焘《夏承焘集》第七册，浙江古籍出版社、浙江教育出版社，1997年，第571页）

《词学访谈录》："50年代后期开始，夏先生先后指导我撰写了《怎样读唐宋词》、《读词常识》、《放翁词编年笺注》等三种词学著作。这些研究虽然仅仅是学词的初步，但由此养成下笔不苟的严谨学风，是从中得到的最大收益。这些初学之作在理论上、体系上距离有所建树的目标,还有差距,却已为日后开展词学研究作了知识上的准备。"(吴熊和、陶然《词学访谈录》,《中文学术前沿》第1辑,浙江大学出版社,2011年,第72页)

1957年　24岁

上半年,在浙江师范学院中文系读研究生。

1月2日,参加古典文学研究班座谈会,谈读词心得。与沈家骧两人的发言,夏承焘先生认为"最好"。

夏承焘《天风阁学词日记》1957年1月2日:"夕,古典文学研究班开座谈会,谈读词心得,读李煜、辛稼轩词心得,吴熊和、沈家骧发言最好。"(夏承焘《夏承焘集》第七册,浙江古籍出版社、浙江教育出版社,1997年,第580页)

3月,参加教学实习,试教"汉乐府"四课时。

4月28日,夏承焘先生计划与吴熊和合作《东坡词笺注》工作。

夏承焘《天风阁学词日记》1957年4月28日:"枕上思东坡词笺注,与吴熊和同作。"(夏承焘《夏承焘集》第七册,浙江古籍出版社、浙江教育出版社,1997年,第611页)

5月20日,接受夏承焘先生论文指导。

夏承焘《天风阁学词日记》1957年5月20日:"晨往文化区,改吴熊和论文。"(夏承焘《夏承焘集》第七册,浙江古籍出版社、浙江教育出版社,1997年,第615页)

5月28日,接受夏承焘先生论文指导。

夏承焘《天风阁学词日记》1957年5月28日:"夕,阅吴熊和论文。"(夏承焘《夏承焘集》第七册,浙江古籍出版社、浙江教育出版社,1997年,第617页)

7月29日，与夏承焘先生合著《怎样读唐宋词》。

夏承焘《天风阁学词日记》1957年7月29日："浙江人民出版社邹身城来，取去《怎样读唐宋词》稿一册。云十月底可出书。邹君要予与吴熊和同署名。"（夏承焘《夏承焘集》第七册，浙江古籍出版社、浙江教育出版社，1997年，第629页）

8月，浙江师范学院中国古典文学研究班毕业，毕业论文《读词须知》。毕业后即留校任助教。在古代文学教研组，与其他教师合开"中国文学史"、"古文选读"两门课程。

《词学访谈录》："后来毕业留校，跟随夏承焘先生治词，从此走上了词学研究的道路。……那时候，夏先生五十余岁，虽然已被视作'老教师'，但从做学问来说，还是精力饱满的年龄。他从30岁起所撰10种词人年谱及词学考订文字，此时正式结集为《唐宋词人年谱》、《唐宋词论丛》二书出版，并制订了颇具规模的词学研究计划，拟在数年内撰述各类词学论著一二十种。同时，夏先生作为名教授和诗词大家的声望也越来越高，每逢各类重要时事，屡屡接到《浙江日报》等报刊及有关部门的约稿，要求夏先生作一些相应的诗词，如苏联卫星上天、伏罗希洛夫访华等等。而且多通过中文系委托我去转达，领导经常说'吴熊和，你去请夏先生作一首'云云。那时候我在夏先生的指导下，先从打好基础做起，将阅读古籍与尝试性的学术写作结合起来，逐渐进入词学研究的殿堂。"（吴熊和、陶然《词学访谈录》，《中文学术前沿》第1辑，浙江大学出版社，2011年，第72页）

11月3日，与夏承焘先生讨论李煜词。

夏承焘《天风阁学词日记》1957年11月3日："晨吴熊和、刘遗贤来，商李后主词，颇受其启发。"（夏承焘《夏承焘集》第七册，浙江古籍出版社、浙江教育出版社，1997年，第645页）

1958 年　25 岁

在浙江师范学院、杭州大学任助教。

1月4日，与夏承焘先生合著《怎样读唐宋词》出版。

夏承焘《天风阁学词日记》1958年1月4日："浙江出版社送来《怎样读唐宋词》稿费八百三十元，与吴熊和均分。共六万三千八百字，每千字十三元。"（夏承焘《夏承焘集》第七册，浙江古籍出版社、浙江教育出版社，1997年，第658页）

《吴熊和先生晚年谈话录》："我当年写第一本小书《怎样读唐宋词》，说到平仄，都是被人笑话，说这些都是常识。看看现在，都是需要专门教授的东西。这就是一代有一代之变的例证。"（李保阳《吴熊和先生晚年谈话录》，《词学》第32辑，华东师范大学出版社，2014年，第224页）

1月，下放到萧山欢潭乡岳驻村劳动锻炼。

1月，与陆兰芬女士结婚。陆兰芬，1938年12月15日出生。1958年暑期毕业于上海第一护士学校，分配在上海徐汇医院工作。后任浙江省体委体工大队医师。

《吴熊和先生晚年谈话录》："吴夫人：吴先生从上海大学毕业后，考到杭州夏先生门下读研究生。此前我们已在上海认识了。我做医疗工作。毕业后，夏先生要将吴先生留下来，但我不属于高级人才，调动比较费事。正好那时候团委动员我去四川念书，吴先生没有阻拦。那次吴先生送我到（杭州）城站（火车站）搭上了车，自己转身就走。我就扒在车窗边问他怎么回去，因为吴先生把身上所有钱都给了我。这时吴先生掉过头来，要了一毛钱。（讲到这里，吴夫人透过老花镜的上边沿瞄了坐在身旁的吴先生一眼）好像后来是走回去的哇？"（李保阳《吴熊和先

生晚年谈话录》,《词学》第 32 辑,华东师范大学出版社,2014 年,第 226 页)

11 月,浙江师范学院与新建的杭州大学合并。中文系教授、副教授有姜亮夫、夏承焘、王焕镳、胡士莹、孙席珍、任铭善、胡永声、陆维钊。

12 月,结束在萧山欢潭乡的劳动锻炼。

1959 年　26 岁

在杭州大学任教。任中文系讲师。

7 月,写《红专规划检查》。

夏,在杭州大学 101 大教室讲授"近代文学"中的"诗界革命"。

陆坚《不老甘泉自在流》:"我第一次认识吴先生是 1959 年夏天的一个下午,在杭州大学 101 大教室听他讲授近代文学中的'诗界革命'。他用生动的形象,把抽象的理论讲得入情入耳,动听动心。"(陆坚《不老甘泉自在流》,陶然编《吴熊和教授纪念集》,浙江大学出版社,2014 年,第 44 页)

11 月 2 日,赴夏承焘先生家,与夏先生讨论《词源注》"前言"以及陆游诗历。

夏承焘《天风阁学词日记》1959 年 11 月 2 日:"夕,吴熊和来久谈,与商《词源》前言及放翁诗历,并谈反右倾思潮及印度诬我国侵略事。"(夏承焘《夏承焘集》第七册,浙江古籍出版社、浙江教育出版社,1997 年,第 778 页)

12 月 30 日,与夏承焘先生一起修订"红专"规划。

夏承焘《天风阁学词日记》1959 年 12 月 30 日:"夕,教研组除夕谈体会。吴熊和谈改订红专规划,与予挂钩合同,一年内赶超标兵郑择魁。"(夏承焘《夏承焘集》第七册,浙江古籍出版社、

浙江教育出版社,1997年,第788页)

1960年　27岁

在杭州大学任教。

10月9日,与夏承焘先生谈教学与科研情况。

夏承焘《天风阁学词日记》1960年10月9日:"过吴熊和,听谈本学期教学情况及科研情况。"(夏承焘《夏承焘集》第七册,浙江古籍出版社、浙江教育出版社,1997年,第839页)

1961年　28岁

在杭州大学任教。

5月,在京参加"文学史教材"编写工作的夏承焘先生希望学院安排吴熊和前来协助其工作。

夏承焘《天风阁学词日记》1961年5月5日:"夕,白鸿送来驾吾函,谓吴熊和一二周后来。"5月6日:"接朱子英、盛静霞航函,告吴熊和来京。"5月10日:"望熊和不至。"(夏承焘《夏承焘集》第七册,浙江古籍出版社、浙江教育出版社,1997年,第882页)

夏承焘《龙川词校笺·跋》:"1961年与吴君熊和同客京门,尝嘱作校记,今值修订,一并迻入,注释亦多有增补。"(夏承焘《夏承焘集》第三册,浙江古籍出版社、浙江教育出版社,1997年,第475页)

5月,赴上海协助夏承焘先生编写《中国历代文论》。期间,因学校有教学任务安排提前返杭。

夏承焘《天风阁学词日记》1961年5月29日:"晨,熊和转来顾康祖信,谓刘操南已病,教研组开会议决调熊和回杭代课,总支同意,因与黄屏、绍虞翁商量,先放熊和回杭代课二星期再回沪,以兼顾两方。"5月30日:"熊和明日返杭,托带衣服一包。"(夏承焘《夏承焘集》第七册,浙江古籍出版社、浙江教育出版社,1997年,第885页)

7月24日,与夏承焘先生商讨《文论选》写作方法。参与《中国历代文论选》词论部分注释。

夏承焘《天风阁学词日记》1961年7月24日:"晨,熊和谓予所为题解应与文学批评史分工,且批判太多。"(夏承焘《夏承焘集》第七册,浙江古籍出版社、浙江教育出版社,1997年,第888页)

1962年　29岁

在杭州大学任教。

1月,《中国历代文论选》由中华书局出版。

3月20日,赴夏承焘先生家,谈《读词常识》的写作。

夏承焘《天风阁学词日记》1962年3月20日:"吴熊和来,谈《读词常识》。"(夏承焘《夏承焘集》第七册,浙江古籍出版社、浙江教育出版社,1997年,第936页)

9月,《读词常识》(与夏承焘合著)由中华书局出版。

11月30日,晋升讲师。

1963年　30岁

在杭州大学任教。

10月,日本《中国文学报》刊登小川环树《评〈读词常识〉》一文。

1964 年　31 岁

11 月,赴诸暨浬浦公社浬浦大队及斯宅公社中斯坂大队参加"四清"运动。

1965 年　32 岁

8 月,结束在诸暨的"四清"运动。

1966 年　33 岁

在杭州大学任教。

1967 年　34 岁

在杭州大学任教。

1968 年　35 岁

在杭州大学任教。

1969 年　36 岁

在杭州大学任教。

1970 年　37 岁

在杭州大学任教。

1971 年　38 岁

在杭州大学任教。

1972 年　39 岁

在杭州大学任教。

在安吉杭州大学"五七干校"参加劳动,为期半年。

1973 年　40 岁

在杭州大学任教。

本年,根据全国教育工作会议精神,学校实行开门办学,为湖州工农兵大学、湖州师专学生授课。

本年,赴舟山参加劳动。

盛静霞《含泪写金婚》:"另一次,大概是 1973 年,他到舟山小分队去,我和孩子在家,那时还是工宣队当家,示意要我到五七干校去锻炼,一期至少三个月,这一期是七至九月,天气最热,我已经五十多岁了,实在不想去,又不敢不去,和孩子无可商量,一直等他(指蒋礼鸿)回来,等等还未回来,我心烦意乱。那天他洋洋得意回来了,说学生很尊重他,对他很好,有个女生还送照片给他。我一听醋劲大发。其实我早知道他从来不对女人评头论足、胡思乱想,他是个'非礼勿视,非礼勿听,非礼勿思'的君子嘛!他一见我发无名火,也急起来,说:'你去问吴熊和!'边说边拉着我到吴熊和家(吴是和他一道去舟山的),捶着胸脯和吴熊和说:'吴先生,你替我作证,我有没有做亏心事!要有,天诛地灭!……'吴吓了一跳,连忙说:'蒋先生对盛先生是极忠诚的。

我可以证明,你不要乱怀疑!'又说:'你们俩人都年过半百了,爱情还是那样热烈,真是难得!'后来,我也到舟山小分队教书。那位女同学来看我。我一看是一个老实本分的人,当然误会是冰释了。这次是我冤枉了他,也冤枉了那位女同学。但也无法向她说明,只好作罢。"(盛静霞《含泪写金婚》,见《之江大学的神仙眷侣——蒋礼鸿与盛静霞》,杭州出版社,2012 年,第 58 页)

1974 年　41 岁

在杭州大学任教。

应绍兴师专之聘,为该校授课。

1975 年　42 岁

在杭州大学任教。

1976 年　43 岁

在杭州大学任教。

1977 年　44 岁

在杭州大学任教。

1978 年　45 岁

在杭州大学任教。

6 月,晋升为副教授。

《辛弃疾的两首北固词》在《语文学习》(上海)1978 年第 2 期发表。

本年,招收刘曾遂为硕士研究生,指导其完成学位论文《试论韩孟诗派的复古与尚奇》,后收录在《研究生论文集·中国古代文学分册(一)》,江苏人民出版社 1983 年出版。

1979 年　46 岁

在杭州大学任教。

9 月,杭州大学"楚辞学培训班"开学。

姜亮夫《从浙江师范学院到杭州大学》:"'文化大革命'对中华民族文化遗产破坏十分严重,国家既要抓古籍的整理,更急迫的是人才的培养。为此,教育部要我为全国十余所重点大学培训楚辞学专业研究人员,使楚辞学研究后继有人。一九七九年九月,楚辞学培训班开学,十余位中青年教师来自全国各重点大学,大部分是讲师以上,有几位还是副教授。"(姜亮夫《姜亮夫全集》24《回忆录》,云南人民出版社,2002 年,第 261 页)

本年,《词律》在《语文战线》1979 年第 1 期发表。

1980 年　47 岁

在杭州大学任教。

《唐宋词调的演变》在《杭州大学学报(哲学社会科学版)》1980 年第 3 期发表。后收入《吴熊和词学论集》,杭州大学出版社 1999 年出版。

《唐宋词调的演变》文曰:"唐宋两代词调的变动是相当大的。唐教坊曲盛行一时,入宋后很多曲谱无传。名作如张志和的《渔歌子》,苏轼即'恨其曲度不传'(《乐府雅词》卷中徐俯《鹧鸪天·西塞山前》词跋);《酒泉子》是唐边地歌曲,并经京洛流行至西蜀，《花间集》有温庭筠、韦庄等十人作二十六首，南宋初管鉴就深慨此调'尊前无能歌者'：'阳春一曲唤愁醒，可惜无人歌此曲'（《四印斋所刻词·拙堂词》）。《小重山》虽非教坊曲，《花间集》亦有韦庄等所作六首，北宋李之仪《跋小重山词》，谓'是谱不传久矣'（《姑溪题跋》卷一）。《碧鸡漫志》卷一说唐词'声行于今，辞见于今者，皆十之三四'。这个是约略的估计，可能声行于宋的，比辞见于宋的，还要少得多。宋代词调大增，但变动也很大。周邦彦词在政和、宣和间喧传都下，争唱于西楼南瓦。但到南宋后期，已遗音沦落，能歌者寥若晨星。吴文英、张炎都尊奉周词为主臬，作词好择《清真集》中所用之调，他们就以闻歌周词为罕遇。吴文英《惜黄花慢》序记吴江夜泊听邦人赵簿携小妓歌清真词数阕，张炎《国香》序记杭妓沈梅娇'犹能歌周清真《意难忘》、《台城路》二曲词'，又《意难忘》序记中吴车氏亦能歌《意难忘》曲，为之爱叹不已，特为赋词以记其事。这还或可说是因历时已久而声音失坠者，但也有年代甚近而已无嗣响者。张炎与吴文英年代相接，他对吴文英的自制曲《西子妆慢》曾'喜其声调妍雅'，后来填作此调，'惜旧谱零落，不能倚声而歌（《西子妆慢》序）'。像这类传时短暂的曲调，或许正不在少数。唐宋词调中那些仅有一词别无继作的，就有百余调之多。这些词调大都旋行旋亡，即使经过名家之手亦行之不远。例如姜夔的一些著名的自度曲，用其调而继作者，往往也绝无仅有，《角招》、《翠楼吟》、《琵琶仙》、《秋宵吟》、《石湖仙》则绝无和者。一方面，过时的曲调先后消退（词调由于借文字声律定型下来，在曲谱歌法失传之后，仍不乏作者，这一点与曲调不同）。另一方面，新创的曲调则随时繁衍孳生，词调遂随之不断变旧更新。唐五代及北宋期间，是词调的变动最为活跃的时期。尤其在北宋，词调得到大量新创新增,对词体的发展起了促进作用,最后形成'词山曲海,千生万熟,三千小令,四十大曲'(元燕南芝庵《唱论》)的盛况。"

8月,《辛弃疾〈美芹十论〉作年考辨》在《古典文学论丛》第1辑发表,齐鲁书社出版。

参与编写的《中国文学史》(秦汉部分),由江西人民出版社于1980年出版。该书由杭州大学、南京大学、吉林大学、南京师范大学等十三所院校自发组织编写。

1981年　48岁

在杭州大学任教。

《苏轼诗词的理趣》在《名作欣赏》1981年第1期发表。

《中国古代文学讲话》在《教学研究》(中学版)1—6期连载。

胡浙平《师恩永在》:"那是1980年冬天,浙江教育学院《教学研究》(中学版)杂志打算在次年刊物的'教师进修'专栏上,针对当时一大批中学老师由于'十年动乱'而造成的知识严重残缺的状况,开辟并且连载'中国古代文学讲话',委托我向先生约稿。那时改革开放不久,先生那一代老师正是中文系挑大梁的教师,课务很重,而且当时刊物的稿费又不高,因此,我是带着忐忑不安的心情向先生请求这个事的,没有想到的是,当我一说杂志的愿望,先生欣然答应了。过不了多少日子,刊物就拿到了先生手写的一叠稿子,这就是后来在1981年《教学研究》(中学版)1—6期上连续刊载的近4万字的《中国古代文学讲话》。这个"讲话",分诗歌、散文、小说、戏曲四部分进行阐释,是一部高度浓缩的中国古代文学简史,详略有度,要言不烦,大开大合,文笔简约、优美、流畅,显示出先生知识的渊博以及对于中国古代文学的高度学术水平与高超的驾驭能力,在阐述时先生还有意结合了当时中学语文课本中关于古典文学的篇章,很受中学语文老师的欢迎。"(胡浙平《师恩永在》,陶然编《吴熊和教授纪念集》,浙江大学出版社,2014年,第115页)

4月,《读词常识》(与夏承焘合著)由中华书局再版。

6月,《放翁词编年笺注》(与夏承焘合著)由上海古籍出版社出版。

9月,《唐宋诗词探胜》(与蔡义江、陆坚合著)由浙江人民出版社出版。

《水面清圆,一一风荷举》(按:周邦彦《苏幕遮》)在《文化娱乐》1981年第10期发表。

1982年　49岁

在杭州大学任教。

1月11日,为中文系毕业生孙敏强题写毕业赠言。

孙敏强:"我们读大学时,杭州大学中文系在下宁桥,现在的省总工会干校内。毕业前夕,1982年1月11日,我在中文系办公室楼前碰到吴先生,想请他给我题词作为本科毕业留念。我打开同学录的前页,恭恭敬敬递给他,他接过来,没有在前面落笔,而是翻看到后面部分,才写上:'入乎其内,故能写之;出乎其外,故能观之。——与敏强同志共勉。'那不仅涉于为学,也关乎人生。先生的神情动作,无言之中,有殷殷的勉励与期待,亦自有一种宽厚与谦牧的风度。"(孙敏强《怀念敬爱的吴熊和先生——在吴熊和教授追思会上发言》,陶然编《吴熊和教授纪念集》,浙江大学出版社,2014年,第73页)

《宋季三家词法——杨缵、吴文英、张炎》在《文艺理论研究》1982年第1期发表。后收入《吴熊和词学论集》,杭州大学出版社 1999 年出版。

《宋季三家词法——杨缵、吴文英、张炎》文中曰:"南宋后期词人,除少数承苏辛一派,大都远祧清真,近师白石,并且还兴起了讲究和精研词法之风。像江西诗派以诗法传授的师友关系而形成宗派渊源一样,宋末也以词法递相祖述,一灯相传,不绝如缕。首开这种风气的,当推杨缵。嗣后操选政者而辑《绝妙好词》的周密,传词学而著《词源》的张炎,即并出于杨缵之门。杨缵将其词法择要括略为五条,名曰《作词五要》,附见于《词源》末。同时,吴文英于唱酬之余,亦讲论词法,所举四条,传之沈义父,著于《乐府指迷》。最后张炎发先辈之绪余,承流接响,总括词法为'要诀'四条,传之陆行直,著于《词旨》。这三家所立要义,既是他们为作词所示的门径,也是他们论词所取得标准。虽各有侧重,论其本旨,实沿自一脉。形式上也有共同点,'语近而明,法简而要',几乎近于口诀,便于人们传习。这种传词法如传家法,以系一派宗风于不废者,实为宋末特有的现象,值得注意。"

《两宋词论述略》在《杭州大学学报(哲学社会科学版)》1982年第 2 期发表。后收入《吴熊和词学论集》,杭州大学出版社 1999 年出版。

《两宋词论述略》文中曰:"宋词擅一代之胜,可是论词之作,并不多觏,显得冷落沉寂。评论之于创作,总是较为后起的。词从晚唐五代的艳科小技至入宋后演进到与诗并尊的地位,这个过程相当漫长曲折。它逐渐引起评论的重视,进而探究其体制源流,开创出词论一门,自然更要晚些。大体说来,北宋风气渐开。时有短论;南宋各张一帜,渐成专门之学。不过,其始为涓涓细流,终亦未成巨擘。三百年间,重要的论词著作,指不数屈。

其余零珠碎玑，散落而蒙晦者，至今撷拾为难。应该爬梳剔抉，广事薮辑，并精校细核，编出一本《两宋词论词评汇辑》这样的书来，无疑还是必要的。本文不过稍事钩稽，略作疏说，还谈不上把两宋词论系统化。"

1月，《陆游〈钗头凤〉词本事质疑》在《文学欣赏与评论》发表，浙江人民出版社出版。后收入《吴熊和词学论集》，杭州大学出版社1999年出版。

《陆游〈钗头凤〉词本事质疑》一文质疑的根据有三点：一是陈鹄、周密两家之说多抵牾处；二是词意及词中时地同唐氏身份不合；三是《钗头凤》词调流行于蜀中，陆游是承蜀中新词体而作的。文中指出："上举三点，算是对陈鹄、周密所述《钗头凤》词本事的质疑。陆游与唐氏的爱情悲剧，是封建礼教的迫害造成的。这件事的真实性，并没有可疑。但要说《钗头凤》是为唐氏而作，则诚多难通之处。《阳春白雪》卷三谓陆游纳驿卒女为妾，方余半载，夫人逐之，女赋《生查子》词；《齐东野语》卷一一谓陆游眷一蜀妓，携之东归，妓有《鹊桥仙》词，前人皆辟其妄。关于《钗头凤》的传说，正与此两事相类。至于定《钗头凤》为陆游客居成都时冶游之作，未敢必是，这里提出来，无非是以备讨论，希望还能找到更多的证据。"

1月，《白居易的〈新乐府〉》在《语文学习》1982年第1期发表。

9月，招收钱志熙、李越深为硕士研究生。

钱志熙《耐得寂寞，耐得冷落——追忆先师吴熊和教授》："大学三年级时，我报考了由吴师和蔡老师联合招生的古代文学唐宋段的硕士研究生。在考完试还不知道结果的时候，曾和一位一起报考的同学去当时在道古桥杭大宿舍的吴老师家询问。

当时正在写本科论文，吴老师问了我们写论文的情况。我当时的论文写的是李商隐的咏物诗研究，是陆坚老师指导的。吴师说他也指导了一篇，是写叶燮的《原诗》的。我就记起他在上课时，曾经向我们推荐过《原诗》，说《原诗》是极好的一个诗学专著。后来我认认真真地将《原诗》读了一番，发现叶燮的见解的确很高。这也是我后来常向学生推荐读《原诗》的由来。硕士考试结果终于出来了，考的成绩并不高，但根据当时择优录取的原则，还是考上了。同时入学的有来自内蒙古大学的李越深师姐。这样，我就算是正式入吴门了，内心自然是兴奋的！

现在回想，到了硕士阶段的我，仍是十分的青涩，于诸种人事世故，更是极少的领会。吴师对我这一点观察甚深，指出我的好处是还能读书，但太不懂世事了。后来我读《天风阁学词日记》，看到夏先生感叹蒋礼鸿先生时说'此子读书不可限量，而外才甚拙'，就会想起吴师对我这方面的指点。我不敢窃比前辈大师，但'外才甚拙'四字，于余心尤戚戚焉！……

三十年过去了，老师的一些具体的指导，我记忆得不太清晰。但有一句话，却是连着音容笑貌长存在我的脑海中的，那就是他常说的'要耐得寂寞，耐得冷落'！他不止一次说过这句话，有在课堂上说的，也有一两回是跟我一个人说的。这是吴师的人生阅历之语，也可以说是他的人生格言，与他的整个一生是能相印证的。如果我们回想一下吴师自己的经历，就能更好地理解这句话的内涵。有一次，他跟我说当年从华东师大来浙师院读研究生时的情形：他说那时在沪上，学校中有不少看起来热火朝天的运动，是凡事都讲高举的。到了这边以后，发现老先生们都在埋头做学问，一种冷冷清清的景象，开始颇有点不适应，但不久就发现这才是真正的做学问人的样子。我想，这是不是吴师感悟寂寞冷落的学术人生的开端呢？吴师的治学，幸运的是得到名师指点。在大学时就问学于徐震堮先生，后来又得师从夏承焘先生。师承之正，加上他个人的非凡天赋与勤奋的治学精神，使其成为词学大师。但吴师的学术人生，从某种意义上讲又是逆境居多的。早年是政治运动的干扰，使其不能专心于治学，晚年又不幸罹疾！我最近常想，古人常说才命相妨，吴师又何尝不是如此呢？我想，吴师在中年时候就已形成的耐得寂寞、耐得冷落的人生态度，在晚年与疾病抗争的十多年中，肯定又有许多的升华。世情总是趋炎的，无可讳言，学术界有时候也会变成名利场。吴师一生执着于学术，晚年虽患重疾，但研究学术问题、思考学术的热情毫无消减！他深知学术非名利之具，纵有一丝一毫的名利之念，都会于学术有损！这样说来，吴师所说的耐得寂寞、耐得冷落，正是教诲我们要追求真实的人生，真正的学术！吴师的这种精神，来自他的高明的人生态度。从渊源来讲，正是继承中国古代哲人的，尤其受苏轼的影响最深。他的那种豁达高旷的人生气象，也每每让人想起苏轼。"（钱志熙《耐得寂寞，耐得冷落——追忆先师吴熊和教授》，陶然编《吴熊和教授纪念集》，浙江大学出版社，2014年，第62页）

1983年　50岁

在杭州大学任教。

11月26日至30日，赴上海参加由华东师范大学中文系举办的首届词学讨论会。28日上午作大会发言。当天大会发言的还有金启华、朱德才、马兴荣三位先生。

《选声择调与词调声情》在《杭州大学学报（哲学社会科学版）》1983年第2期发表。后收入《吴熊和词学论集》，杭州大学出版社 1999 年出版。

《选声择调与词调声情》文中曰:"唐宋词人有专长小令的,有善为慢曲的,有好取熟腔易唱之调的,有务以新声竞胜的。但他们作词应歌,不论用什么词调,都不能不顾及其声情。可是,由于唐宋词乐失传,作词择调的情况,后人已不易深知,论词者亦常置而不论。当日许多名家词如何声情相发,曲新调美,千载之下,一概付之茫然,这是很可惜的。这里就言之有徵者,分择声情、择新声、择曲名三方面略作概说,以稍拾坠绪,遗憾的是终不能于纸面、字面上,聆听当时的绝世音声了。"

《关于"宋词二首"》(按柳永《雨霖铃》、姜夔《扬州慢》)在《教学月刊》(浙江中学文科版)1983 年第 8 期发表。

1984 年　51 岁

在杭州大学任教。

4 月,《关于鲖阳居士〈复雅歌词序〉》在《古代文学理论研究丛刊》第 9 辑发表,上海古籍出版社出版。后收入《吴熊和词学论集》,杭州大学出版社 1999 年出版。

《关于鲖阳居士〈复雅歌词序〉》一文认为,《复雅歌词序》对南宋词坛具有以下三方面的意义。

其一,"鲖阳居士把词的源头直指《诗》三百五篇,便于推尊词体,也便于大力矫正北宋末年词风日趋衰靡之弊。"

其二,《复雅歌词序》"对花间词的批判,是反映南宋词风转变的新趋向的。"

其三,"在《复雅歌词》、《乐府雅词》等倡导之后,作词务求雅正,确实成为南宋新的风尚。"

5 月,《唐宋诗词探胜》(与蔡义江、陆坚合著)获浙江省社会科学优秀成果二等奖(1978—1980)。

11月,赴长沙参加中国韵文学会成立大会,当选为中国词学会常务理事。

陈祖美:"我首次与战垒谋面,是在以夏老为名誉会长的中国韵文学会在长沙的成立大会期间。这是一次盛况空前的学术会议。会上会下各种活动丰富多彩,期间我不时看到吴熊和与吴战垒几乎形影不离,仿佛有鸰原之亲……会后,夏老的学术门人直接由长沙到北京出席夏承焘教授从事学术与教育工作六十五周年庆祝会。"(陈祖美:《轸怀战垒,兼慰黄萍弟妹、小真姊弟》,《吴战垒先生纪念集》,中华书局,2015年,第246页)

11月,与徐步奎、陆坚等老师赴北京参加"夏承焘教授从事学术与教育工作六十五周年庆祝会"。作《瑞鹤仙》(烟波西子岸)(与蔡义江、吴战垒、邵海清、陆坚合作)庆贺夏承焘教授从事学术与教育工作六十五周年。

陆坚《不老甘泉自在流》:"1984年11月初,我们一起去北京参加在全国政协大礼堂举行的'夏承焘教授从事学术与教育工作六十五周年庆祝会',会议具体组织者事前几次约我们发言,吴先生一再谢辞,我当然不配。最后我们推举徐朔方先生发了言。"(陆坚《不老甘泉自在流》,陶然编《吴熊和教授纪念集》,浙江大学出版社2014年,第45页)

吴战垒《〈天风阁学词日记〉编后记》:"(夏承焘)先生晚岁养疴京华,1984年秋,日记初编出版,适值先生八五寿诞从事学术教育工作六十五周年,予随同门诸学长赴京祝贺,赋《瑞鹤仙》为先生寿(同具名者有吴熊和、蔡义江、邵海清、陆坚诸学长)。"(《吴战垒先生纪念集》,中华书局,2015年,第33页)

12月,《〈彊村丛书〉与词籍校勘》在《中国近代文学研究丛刊》第 2 辑发表,广东人民出版社出版。后收入《吴熊和词学论集》,杭州大学出版社 1999 年出版。

《〈彊村丛书〉与词籍校勘》从以下几个方面探讨《彊村丛书》在词籍校勘的重要意义。一、尊源流;二、择善本;三、别诗词;四、补遗佚;五、存本色;六、订词题;七、校词律;八、证本事。文中指出:"《彊村丛书》的校例,是朱孝臧前校《梦窗词》、《东坡乐府》的'五例'、'七例'的发扬光大。当然,以《彊村丛书》网罗之富,品类之多,有非词家别集的校例所能赅举的。作为一部集大成性质的词籍丛刻,它在校勘方面的内容是很丰富的。然其中心内容,则仍是创自刘向的传统的古籍校雠之法,与校刊词籍所特需的校律之法,两者参互结合。校律之法,可溯自万树《词律》,经由朱孝臧的推衍充实,其纲目始备,无疑是《彊村丛书》在词籍校勘上高出众流的独绝之处。"

邱世友《致马兴荣》(1984 年 6 月 28 日)信:"该刊(指《中国近代文学研究丛刊》——引者注)编辑曾言:第二期刊发吴熊和同志有关《彊村丛书》各词集之版本源流,考赏之无斁。沪杭于词学间人才济济焉也。"(见邱世友《水明楼续集》,中山大学出版社,2007 年)

作《蔡义江五十初度》二首。(沈松勤编《庆贺吴熊和教授从教五十周年论文集》,浙江大学出版社,2008 年,第 53 页)

1985 年　52 岁

在杭州大学任教。

1 月,《唐宋词通论》由浙江古籍出版社出版。

北山《新出词籍介绍》:此书总为七大章:(一)词源。(二)词体。(三)词调。(四)词派。(五)词论。(六)词籍。(七)词学。

每章各有子目，论述详赡，为近年出版词学概论性著作之出众者。全书主体在第四、第五章，论述亦最见作者学识。其他各章，不限于唐宋，亦可谓之'词学通论'。研究词学者，以此书为初阶，则有关词学之基础知识，大致可得。"（北山《新出词籍介绍》，《词学》第 5 辑，华东师范大学出版社，1986 年，第 325 页）按：北山，施蛰存先生笔名。

《词学访谈录》："陶然：您的《唐宋词通论》被学界誉为新时期词学的扛鼎之作，继承了唐宋直至近代以来的传统词学成就，取精用弘，在理论、方法和具体考证上，都有大量的突破和创新，并在此基础上着手构建词学研究的总体框架，推动了当代词学的科学化、理论化与系统化，炉火纯青，独具识见，在同类著作中以博洽精湛、承前启后而著称，影响远及海外。施蛰存先生许为'出众'，王季思先生誉为'出类拔萃'，而徐中玉先生更谓此书'二十年内无人超越'。您自己对这部著作如何看待？吴熊和："《唐宋词通论》只是我词学研究生涯的正式开始，实际上我对这部书还有很多不满意之处，有些地方讲得还不透，有些地方我的看法已有较大变化。如果现在重新来写，想必与当年就很不一样了。例如晚唐五代词过去都讲有两个中心，即西蜀与南唐。现在看来这一版图就有重新建构的必要，晚唐时中原尤其是洛阳等地的词的创作与流行应该予以重视。但我已无力从事这项工作，将来如有兴趣，你们可以重写一部《唐宋词通论》。"（《中文学术前沿》第 1 辑，浙江大学出版社 2011 年，第 73 页）

陈尚君《在吴熊和教授追思会上的发言》："我觉得在吴先生的这本书之中，能够感觉到，他是以做词学为主的，而且他的学问当然是上承夏承焘先生的。对于词的写作，对于词所涉及的与音乐的关系、词的起源、词的总集别集、词家的研究，是一个全面的论述。但是在具体材料的挖掘和问题的解释方面,他所追求的是一种最平和、最妥帖或者说最深入的阐述,深入浅出,对复杂的问题作一种最明白的表达。我昨天晚上还在重新温习这部著作,处处感受到这样一种气象。比方说关于唐词的一些问题,他从《玉海》所引到的徐景安《新纂乐书》之中讲到唐人对词乐的具体的表达;对于《花间集》的编纂者赵崇祚的生平,我记得我二十多年前也曾经写过花间词人的事迹。我当时的印象,关于赵崇祚的生平材料是吴先生这本书中最早提出来的,就是《九国志》中讲到的他是赵廷隐的儿子,我印象中以前没有人提到过。但是这样重要的材料,在吴先生这本书中这个问题是解决了,但是他是很轻地带过去的。这里面处处可以看到这样一种情况。我昨天晚上看到很晚,他附录的文章之中,关于柳永的生平,从宋代职官制度的磨勘之中,把柳永生平中可以确定的细节做一个历史的定位。关于陆游《钗头凤》,大家都读了很多。吴先生从唐宋习俗中夫妻的表达不应该有"红酥手"这样直接的描述,以及其他的一些例证,包括蜀中词一些具体的写法,来论证这首词不可能是像南宋的传说那样,是写与唐婉[琬]的这一段夫妻之情的。这一点,我在别的地方也看到过一个北京的学者这方面的论述,与吴先生的基本立场是相近的。我总感觉到,吴先生是做词为主的,但是对于唐宋时期的历史、文化、风俗、制度等各个方面,而且特别在于基本文献的挖掘和利用方面,对于前代学者很好的著作的吸取方面,都显示出一个非常深厚的功底。我仔细读这本书,我就觉得涉及唐五代词律问题,明清时期的词集之中由于后来人的牵强而出现的各种误区,在吴先生的著作中洗涤殆尽。我觉得在这些方面真的是感觉到他的著作所达到的学术高度,我也相信吴先生的一系列著作都是当代学术最宝

贵的财富。"（陈尚君《在吴熊和教授追思会上的发言》，陶然编《吴熊和教授纪念集》，浙江大学出版社，2014年，第52页）

吴蓓《词道声闻远，西溪沃泽长》："吴先生的《唐宋词通论》，他自己视为词学研究生涯的正式开始。此书首先引人注目的是它的构架，分词源、词体、词调、词派、词论、词籍、词学七章，以此来建构唐宋词学的研究体系。并在最后一章中，提出了'今后词学研究'所当先务的八方面课题：1.评论唐宋各名家词的论文集；2.词人年谱、传记丛书；3.汇集与研究唐宋音谱及词乐材料，作《唐宋词乐研究》；4.重编包括敦煌曲在内的《唐宋词调总谱》；5.汇辑唐宋词论词话，作《唐宋词论词评汇编》；6.总结历代词学成果，作《词学史》；7.历述词籍目录版本，作《唐宋词籍总目提要》；8.包举上述词家、词调、词籍条目，并对唐宋词的一些常用语辞进行汇解，作《唐宋词词典》。在此基础上再完成完备的词史。这七章，主要以宋人著述为依据；八个方面，也是针对唐宋词而言。但对于如何确定词学研究的范围，却极具启发性。此书首版于1985年，当时词学的宏观研究处于相对萧条期，书一经面世，反响巨大，随后便作为高等院校的词学教科书或古代文学学生的必读书而一再刊版，影响深远。所以从传播的客观效果而言，此书也极大地推动了词学学科的理论化和系统化。它不仅是吴先生本人学术道路上的一个标志性成果，也是20世纪词学研究的标志性成果之一。"（吴蓓《词道声闻远，西溪沃泽长》，陶然编《吴熊和教授纪念集》，浙江大学出版社，2014年，第179页）

费君清、叶岗《埋头尚识，举目常新——吴熊和先生学术印象之点滴》："吴先生写毕于1983年11月的名著《唐宋词通论》，分词源、词体、词调、词派、词论、词籍、词学七个部分，对唐宋词研究中分歧较多的一些问题较早地作出总结性说明，对传统词学研究格局进行了全面的总结，是一部承先启后的集大成之作，代表着当代词学发展的新水平。此书的出版，使上世纪40年代至80年代词学宏观研究的萧条局面得到很大的改观，也因此奠定了吴先生在当代词坛无法撼动的权威地位。尽管《唐宋词通论》是以宏观研究而深受学界注目和推崇，尽管真正意义上的宏观研究亦正是词学研究所长久缺失而为其时学界所殷切期盼着，然而，这部名著的底子实是多个专题研究的系统组合，故而它既能对词学史上诸多历来有所争议的重大问题通过反复辩论或史实考证作出切中肯綮的解答以形成有效的突破，又能回应其时学界对词学体系建设和词史研究的渴盼。"（费君清、叶岗《埋头尚识，举目常新——吴熊和先生学术印象之点滴》，沈松勤编《庆贺吴熊和教授从教五十周年论文集》，浙江大学出版社，2008年，第23页）

肖瑞峰在《文学评论》1985年第6期发表了《评〈唐宋词通论〉》。该文重点就以下两个方面评述《唐宋词通论》的特点：

其一，历史感与时代感的融合——通古今之变，究因革之理。《通论》不仅以鸟瞰的方式从纵横两方面加以考察，勾勒出唐宋词发展演变的线索，而且站在今天时代的高度，作出恰如其分、不偏不倚的审美评判，并进而揭示出包蕴于其间的客观规律。既不苛求古人，又不唐突今人；既还历史的本来面目，又为今天的社会主义文艺提供弥足珍贵的借鉴。《通论》的作者在这方面是作了卓有成效的努力的，即不是满足于历史现象的简单罗列和机械组合，而试图以马克思主义哲学、历史学、文艺学为指南，在由此及彼、由表及里地考察当时的社会背景之后，拨开历史的疑云迷雾，捕捉并显示唐宋词递嬗演变的轨迹，对其间的因革之理作出科学的阐释。作者以"通论"为书名,我想应当是包含"通古今之变"的意思在内的。这在第三章"词调"、第四章"词派"、第五章"词论"中体现得尤为明显。"词调"章不仅以大量确凿的材料,逐一论证了词调的来源、曲类与词调的关系、词调的异体变格、选声择调的具体内涵,而且运用"散点透视"与"曲向开掘"相结合的多重分析方法,深入探讨了词调的演变过程。作者认为:"词调的演变反映乐曲的因革和兴衰。"乐曲有着很强的时代性,随着时代风气的转移,乐曲总是代有新变,"即便是风靡一时的名曲,其流行的时间和地域亦有限。唐宋时期传唱百年,历久不衰的曲调,屈指不多。往往前一时期其声广被、妇孺皆知的,到后一时期不但响歇音沉,甚至连曲谱、歌法尽湮没无闻。"据此,作者细绎出了唐宋时期词调演变的基本线索:唐五代及北宋时期,是词调创作最活跃、最丰富多彩的时期。唐五代词调以小令为主,齐言、杂言并存。北宋新声竞繁,众体兼备,词调大盛。而至南宋,由于出现了新的乐种、曲种、剧种,音乐文艺的重心发生了转移;同时由于南宋词崇高雅、严音律、同民间新声断绝联系,堵塞了词调的新来源,因此除词人自度曲外,"南宋词调发展呈现停滞,最后衰落"。这一合乎历史真相的见解启示我们:文学艺术的发展,既有外部原因可究,又有内部规律可循。

其二,网罗力与品鉴力的融合——集诸家之成,立一家之说。所谓"网罗力",是指独具"只手",善于旁搜远绍,爬梳别抉;所谓"品鉴力",则是指独具"只眼",善于赏奇析疑,擘肌入理。《通论》所论列者,几乎兼该了唐宋词研究中的所有问题,这就需要"大量的、批判地审查过的、透彻地掌握住了的历史资料"(恩格斯《论马克思的〈政治经济学〉》),作为推论的基础。为此,作者积数十年之精力，"口不绝吟于六艺之文，手不停披于百家之编"，钩沉辑佚，博采众收，以图聚沙成塔，集腋成裘。据粗略统计，《通论》参考及征引古今书籍近千种，堪称搜罗宏富。即从"词籍"章而言，作者据宋人载籍、书目及今传宋本，辑得丛刻、总集、别集、词话、词谱、词韵等各类词籍百余种，细加考订，自版本源流至内容异同，无不详为甄辨，务求审核。作为集成之著，《通论》对自宋及今历代词学家的研究成果，概加吸收，而又决不盲从，该补充者补充，该辨正者辨正，该献疑者献疑。如"词源"章论唐曲，多引崔令钦《教坊记》及任二北《教坊记笺订》为证，但同时又指出，该书"所记曲名，有些可能为后人增补，未必尽是盛唐时曲，个别或出于中晚唐，对这些乐曲的时代，还须慎重考核"。"如《奉圣乐》，《新唐书·礼乐志》谓贞元中南诏所献；《泰边陲》，《杜阳杂编》谓唐宣宗制；《别赵十》、《忆赵十》，《诗话总龟》引《卢氏杂说》，乃懿宗朝恩泽曲子。"虽仅片言只语，似信手拈来，却可纠前书之失。又如"词派"章论柳永，既谓唐圭璋先生《柳永事迹新证》从宋人笔记、宋元方志中搜讨其仕履事迹，略可窥其生平，又抉出若干遗留问题，粗陈疑窦，诸如"定柳永的生年为雍熙四年(987)，似乎稍迟"；"定柳永为景祐元年(1034)进士，亦嫌稍迟"；等等。为示无掠美之意，凡引用他人成说，作者一律于行文中点出或注释中标明。正因博采众家、细大不捐而又"明其义类、约以用之"，就占有的材料而言，《通论》已臻于完备和精审的程度，似为前此的词学专著所不及。

马兴荣等主编之《中国词学大辞典》"论著"目《唐宋词通论》条如是评价：

《唐宋词通论》，吴熊和著。浙江古籍出版社1985年初版，1989年修订再版。是书为我国本世纪五十年代后最富于系统性的一部词学专著,凡七章,全面而深入地研究词源、词体、词调、词派、词论、词籍和词学的形成、发展与演变,建构出词学研究的整体框架。论词的起源,作者认为"必须从词乐入手",但指出"始有其乐不等于尽有其曲,始有其曲也不等于必有其词",既要注意乐、曲、词三者之间的联系,也应注意它们之间的区别。在详细讨论乐、曲、词的联系与区别及词体形成的统一过程后,作者得出"词发源于唐"的结论。论词体的形成过程,是作者用力甚勤的部分。作者在区分音谱与词谱的异同后,详备地考察了依曲定体、依词腔押韵、依曲拍为句和审音用字的词体特点,多角度地揭示出词体的形成与音乐的密切关系及其分化变异。对于词调,作者不仅考察其来源,更探索其演变,指出唐五代词以小令为主,齐言、杂言并存;北宋新声竞繁,众体兼备,词调大盛;至南宋,则除词人自度曲外,词调发展呈现停滞,最后衰落。这就从词调演变的角度,揭示出唐宋词的发展流变过程。探讨词调体式,前人一般只注意令、引、近、慢之别,而忽视了其他"自成一体"的诸曲体,如品、中腔、踏歌、三台、促拍、序、破子、木笪和诸宫调等,本书则对此作了深入的发掘和阐述。填词如何选声择调,前人时有分析,但多片言只语,本书则从择声情、择新声、择曲名三个方面作了系统论述。作者论词派,打破婉约、豪放两派之分的局限,"承认"唐宋词派的多元化与唐宋词体的多样化,而"兼派、体论之",以敦煌词,《花间》词,南唐词,宋代柳永、苏轼、周邦彦、李清照、辛弃疾、姜夔、吴文英诸家和宋亡后遗民词"分别代表唐宋词发展中的各个阶段和各个派别","借此说明唐宋词的发展进程"。唐宋词论,一向缺乏系统的考察。是书分八个阶段探讨了唐宋词论的形成发展过程及其演变轨迹,可视作一篇独立的"词论史",不仅新见迭出,而且发掘出许多前人很少顾及的有价值的词论史料。将唐宋词籍及其版本目录的研究，纳入系统的词学研究著作之内，是本书的首创。书中对唐宋词要籍之丛刻、总集、别集、词话各书的版本源流优劣都作了较详细的论列介绍，多所发现，如谓宋长沙刘氏书坊所刻《百家词》刻成于宁宗嘉定之初，又钩沉出《宋名公乐府》等书，皆前人所未及。是书材料丰富，立论坚实，体系完整，故出版后甚受海内外学人的关注。（马兴荣等主编《中国词学大辞典》，浙江教育出版社，1996 年，第 449 页）

傅璇琮、罗联添主编之《唐代文学研究论著集成》第 3 卷如是评介《唐宋词通论》：

这是一本系统研究词自身发展规律的专著，分类细致入微，阐述鞭辟入里。是关于唐宋词史宏观研究的著作，具有重要的学术意义。

《通论》的最大特色是把词学各个领域的横向研究与对整个唐宋词的嬗迁演进过程的纵向研究结合起来。全书共分七章：词源、词体、词调、[词派]、词论、词籍、词学。著者在丰厚的资料蓄积基础上，提要钩玄，大致确定了整个词学的骨架，体例颇具特色。本书从词源的探索开始，系统地叙述了从选词以配乐到由乐以定辞的词体的形成过程；在词体、词调两章里，以尽可能全面的资料，论述了词的形式特点，还唐宋词以本来的面目；在词的内容方面，著者对唐宋词的风格流派的变化发展和当时词论对词坛创作的反响和作用均做了认真的考察。本书的目录编排提纲挈领，让读者窥一斑而知全豹。如词论一章分八节，分别为：一、唐代评论罕及于词，后蜀欧阳炯的《花间集序》，或可视为有专文论词之始；二、宋人词话始于元丰初杨绘的《本事曲》。所属偏于纪事，重在品藻与议论的则较后起；三、苏门始盛评词之风，对推尊词体和推进词的评论起了重要作用；四、李清照创词"别是一家"之说，阐明了词体的音律、风格特点，为诗、词之别立下界石……

《通论》以历史为线索，打通了词学各个领域的宏观研究，从而来探索词的自身发展规律，比起传统的词学重在按照词律、词体、词话、词籍校勘方面的独立的微观的研究，本书研究更加深入细致，同时能从宏观的历史高度把握词学发展的规律。如词调一章，结合当时社会的风俗、文化情况，指出了唐词以小令为主，齐言、杂言并存；宋则慢曲大盛，众体兼备；至南宋词调发展又呈现停滞直至衰落。行文贯穿着产生这种现象的历史原因，使对艺术形式的研究具有理论上的深度。由于著者对唐宋词的形式史和内容史有清楚、深入的了解，因而在分析词派时，对一些词人的历史地位，作品价值，都能作出相应公平的评价。

《通论》融入了著者多年的研究心血，因而在论述中不乏精辟的见解，有些甚至是具有开拓性的论述。例如词论一章，是著者对词论史上的一些疑点和空白点做了拾遗补阙的工作。如在苏轼之前的北宋词论，历来为批评史研究者所忽略，著者从大量的史料中研究得出"宋人词话始于元丰初杨绘的《本事曲》，多数偏于记事，重在品藻和议论的则较后起"的结论，大致弥补了词论史上的这一段空白。

《通论》还具有很高的资料参考价值。如对词籍中过去一直为人们所忽略的丛刻部分的翔实考订，对于一些罕见的词话书籍的钩沉、提要等等；都使本书汇集了许多精彩丰富的资料。这对词学工作者和爱好者都颇具参考价值。（傅璇琮、罗联添主编《唐代文学研究论著集成》第 3 卷《著作提要：大陆部分 1981—1990》，三秦出版社，2004 年，第 158—160 页）

6月15日,华东师范大学杭州校友会成立,任会长。

崔盐生《怀念老会长》:"熊和学长是华东师范大学中文系首届毕业生,他对母校怀有很深的感情。1984年,他邀约曹方人、张光昌(均系杭州大学中文系老师,均已去世)、吕传龙(浙江省商务厅)和我等校友商讨成立杭州校友会。他说,母校和老师培养了我们,我们不能'忘本',我们先后去了杭州市教育局、民政局,1985年6月15日,杭州校友会正式建立。成立大会召开时,当时华东师大袁运开校长等专程来杭州。到会有100余位校友,大家一致推举熊和学长任会长,他也不推辞。他说,我乐意担任,这是为母校和校友服务啊!"(崔盐生《怀念老会长》,陶然编《吴熊和教授纪念集》,浙江大学出版社,2014年,第123页)

8月,《苏轼诗词的理趣》收录在《诗词曲赋名作赏析》(二),山西人民出版社出版。

郁文在《唐代文学研究年鉴》(陕西人民出版社1985年出版)撰文介绍《唐宋诗词探胜》。

11月,接唐圭璋、潘君昭《唐宋词学论集》。

12月,《古书典故辞典》(与陆坚、朱宏达等合作)获浙江省社会科学优秀成果三等奖(1983—1984)。

作《寄王明堂徐州》、《寄刘金城北京》。(沈松勤编《庆贺吴熊和教授从教五十周年论文集》,浙江大学出版社,2008年,第54页)

1986年　53岁

在杭州大学任教。

4月,《深寄情,淡著色——〈浣溪沙〉(小院闲窗春色远)赏析》、《深闺心情费人猜——〈浣溪沙〉(莫许杯深琥珀浓)赏析》收入《李清照词鉴赏》,齐鲁书社出版。

5月11日,夏承焘先生病逝于北京。

5月21日,在北京八宝山殡仪馆礼堂参加夏承焘教授告别仪式。作《挽夏承焘先生》联:"千门桃李,绛帐重茵传绝学;一代宗师,春风词笔满中华。"(与邵海清、蔡义江、陈翔华、陆坚、朱宏达合作)。

6月11日,在杭州大学举办的"沉痛悼念夏承焘教授大会"上作题为《汲取到清澈百丈的源头活水》的发言。此文后收录在方智范等选编的《词林展步》中,江西教育出版社1999年1月出版。全文如下:

夏先生离开我们整整一个月了,我们深深沉浸在悲痛之中。我们教研室多数同志,受到夏先生长期的教育熏陶;夏先生的道德学问,我们有幸得到亲炙。因此在悲痛之余,心头不断重温夏先生对我们的谆谆教诲。夏先生为人犹如光风霁月。我们向他求教问学,就象汲取到了清澈百丈的源头活水。他给我们这批刚刚播种正待出土的禾苗,带来了阳光、清风和生生不息的活泼生机。夏先生论词重词品,论人重人品,人品先于词品。夏先生教育我们的,也首先是学行一致的品格志向的陶冶,作为日后为人为学之本。我们常常从夏先生无所拘束的随意漫谈中,听到他深含哲理的议论,领受到有关人生的启迪。这里可以举两个例子。夏先生喜欢看戏,有一出戏,剧中人物一个是王者,冠冕俨然,高坐台中,但终场无所作为,神色索然;一个身份平凡,但一出场满台生辉,精彩的演出吸引人们的目光,谁也不去注意那个高高在上的人物了。夏先生要我们从这个戏中得到应有的启示,就是人们在生活中,应该是争角色而不争名位。名位是虚器,角色则贵在实干。夏先生说的争角色,就是要为人民、为祖国作出更大的业绩。夏先生一生淡于荣利,他有一首《鹧鸪天》词说:"若能杯水如名淡,应信村茶比酒香。"但夏先生为了繁荣祖国的教育文化事业,始终孜孜不倦,尽心尽力,贡献了自己的宝贵一生,表现了一个爱国学者的高尚风格。夏先生的这个教诲,永远是我们追求的目标。夏先生又向我们谈起他的游山经历。他游黄山,登了天都峰,又上莲花峰。起初在山脚下,抬头一望,莲花峰高耸天外,自己的脚力能否登上云端,还缺乏自信。但夏先生盯住面前的一级级石阶,脚踏实地,一步一步踏踏实实地往上走,于不知不觉之间,登上了峰顶。他以"不知凌绝顶,回顾忽茫然"这两句诗来形容自己登上高峰绝顶时的心境。夏先生的登山经历,也就是夏先生治学的道路。夏先生以登山为喻,告诫我们无论在人生的道路上,还是在求知的道路上,除了树立应有的奋斗目标,更需要有一步一个脚印的实干精神,勇于攀登的进取精神。不过,我们尽管领受了夏先生的教诲,但都习于因循,上进很慢,愧对夏先生。而每一步务求踏实稳当,则一直用以自勉。

夏先生从三十年代起,主持东南词学讲席近半个世纪。夏先生的词学研究有不少超越前人的地方。夏先生对经学、小学具有深厚的根底,早年研究过宋明理学,继而致力于宋史。因四百九十六卷的《宋史》在二十四史中最为芜杂,他一度有过加以整理和重编的打算。之后才转而专攻词学。因此,夏先生能在广阔的历史文化背景上研究词学,并以他的通博和明识,大大开拓和革新了传统词学。这是一些就词论词的研究者所不能望其项背的。由于夏先生的卓越贡献,今天的词学已扩展到对词乐、词律、词史和词的体性的全面研究,成为兼涉史学、文学和声学三个领域的一个独特的学科。解放以来,夏先生在杭州大学亲自系统地传授词学,培养人才,奖掖后进,不遗余力。我们作为杭大的教师和夏先生的学生,一定要遵循夏先生的教诲,依靠许多前辈学者的指导,把夏先生的学术成果和优良学风继承下来,发扬光大,使夏先生从事的学术研究在杭大后继有人,不断推进。这是我们对"一代宗师"夏先生的最好的纪念,也是夏先生生前期望于杭大,期盼于后人的。

在沉痛悼念夏先生逝世一月之际,我们谨以此区区心愿,敬告于夏先生灵前,并将以今后的努力所得,告慰夏先生于天上人间。

6月,晋升为教授。校内外评审专家为万云骏教授、徐步奎教授和唐圭璋教授。

6月,由朱宏达、华宇清介绍加入中国共产党。

7月,在国务院批准的第三批名单中,杭州大学有权授予博士学位的学科、专业6个,指导教师10名。6个学科、专业是中国教育史、中国古代文学、汉语史、中国古代史、计算数学、有机化学;博士生指导教师有陈学恂教授、徐步奎(朔方)教授、蒋礼鸿教授、郭在贻教授、徐规教授、王兴华教授、周洵钧教授、沈文倬教授、施咸亮教授,另批准工业心理学博士生导师朱祖祥教授。

9月,接唐圭璋《词学论丛》。

11月,接王延龄《燕乐三书》。王延龄为吴熊和研究班同学,后分配至哈尔滨师范大学。

该书扉页有王延龄赠语,曰:"熊和:(一九)五六年你赠我《国学基本丛书》本《燕乐考原》一部。很可惜我未能用功学习,卅年来学无上进,如今只以翻刻古书作蠹鱼生涯。现将所刊《燕乐三书》一部回赠,以酬平生之友爱! 延龄。八六,十一,三"

先生也在扉页上题曰:"古调虽自爱,今人多不弹。隋唐燕乐与宋燕乐不同,南北宋燕乐亦各有不同。古代音乐除了作理论探讨,同时更需进行实验。但音乐亦是历史的过客,唐宋燕乐徒闻其盛,其乐器,其乐谱,其演奏技法,可约略考知,而不复按。今人不能再弹古调,乃必然之理。"

《浙江唐宋词研究》在《浙江社会科学信息》1986 年第 7 期发表。

11 月,《词学全书》点校本(上、下)由书目文献出版社出版。

《〈词学全书〉点校序》开篇曰:"清初查继超汇辑《词学全书》,是一部繁简适中、便于实用的词学工具书,它辑集了当时问世的《填词名解》、《古今词论》、《填词图谱》、《词韵》等四种词籍,凡倚声填词所用的词调、词法、词谱、词韵,可谓略备于此,因此称之为《词学全书》。

《填词名解》四卷,毛先舒撰。毛先舒,字稚黄,又名骙,字驰黄,浙江钱塘(杭州)人。生于明光宗泰昌元年(1620),卒于清康熙二十七年(1688)。他是明末著名诗人陈子龙与浙东学者刘宗周的学生,入清不仕,一生勤于著述,著有《潠书》、《诗辨坻》、《韵学通指》等,裒刻为《毛稚黄先生书十二种》。毛先舒于音韵学与词曲均为专长,《长生殿》的作者洪升早年即从他受教。

《填词名解》一书,专门解说词调调名,考证各调的始创者与调名的缘起。词调本是曲调。考释调名可以了解创调的本意和它们的乐曲来源。这对于选调作词和研究词曲历史都是有必要的。唐崔令钦《教坊记》曲名表记录了开元、天宝期间教坊所奏三百二十四曲,后来考稽唐宋词调的,大都溯源至教坊曲。南宋初王灼著《碧鸡漫志》五卷,卷三至卷五论述了二十八个词曲的源流演变,词调考证于是成了词学研究中重要的一门。明杨慎著《词品》六卷,其卷一'词名多取诗名'诸条则专为词名探原,接着都穆《南濠居士诗话》、郭绍孔《词谱》等续作补充,至毛先舒推衍增广而成《填词名解》,考证词调创作和调名本意遂有了较详备的专书。《填词名解》所释凡三百八十一调(不包括毛先舒自度曲十五调)。其中有些解说虽然未尽可据,但它在释名时,兼及各调的创调情况和音乐特点,对于了解唐宋词调的构成和演变,有着一定的参考价值。编定于康熙五十四年(1715)的《钦定词谱》,其解说调名就多取资于《填词名解》,清乾隆时汪汲作《词名集解》六卷,续编三卷,也是以《填词名解》为基础的。

《古今词论》一卷,王又华辑。王又华,字静斋,号逸庵,钱塘人。《古今词论》辑录了杨缵、张炎等二十六人的词论,重在论述词的体制和作法,与徐釚《词苑丛谈》卷一论体制所辑有部分相同,据徐釚《词苑丛谈序》,《词苑丛谈》始辑于康熙十二年(1673),终于康熙十七年(1678)。《古今词论》之辑,大约也是在这期间。不过《词苑丛谈》迟至康熙二十七年(1688)才得以付梓,是较《古今词论》为晚出。此书虽名曰《古今词论》,但所采实以今人词论为多(二十六人中,南宋二人,明八人,清初十六人),主要反映了浙西词派兴起之前的清初诸家的论词之说。

《填词图谱》六卷,续集一卷(又分为卷上、卷中、卷下),赖以邠撰,查继超增辑。赖以邠,字损庵,又字水西,号迂翁,仁和(今浙江杭州)人。查继超,原名继侯,字声止,号随庵,海宁人。另外查曾荣与王又华亦参与同辑。

……

《词韵》一卷,仲恒编次。仲恒,字道久,号雪亭,钱塘人。生于明天启四年(1624),卒于清康熙三十七年(1698)以后。有《雪亭词》十六卷。"

12月18日至22日,赴上海石化总厂金山宾馆参加由杭州大学、华东师大、南京大学、南京师大四校发起的的第二次词学讨论会。提交《从宋代官制考证柳永的生平仕履》论文。

王水照:"1986年12月,华东师范大学举办全国词学讨论会,期间组织与会代表参观淀山湖大观园。我与吴先生、严迪昌先生都因多次去过而未参加游览,三人就在吴先生的房间里作了半天神聊。我一进门,吴先生放下正在阅读的一本书,连声说:'写得真好,真好!'我一看,是《马一浮集》。我自己外出带书,一般部头要小,可减轻行装负担;内容要轻松,适合浅阅读,可随便翻阅,决不会带《马一浮集》这样的重思辨、重论证的玄览之书。马先生的书我也读过,因为我认识的两位学者对马氏有截然相反的评价,引起我的兴趣。但我读时正襟危坐,专心致志,且动手钩折,否则思想不能集中。说实在话,我对马氏'六艺赅摄一切学术','国学就是六艺之学',追索'穷理、尽性,以至于命',讲求'复其本然之善,全其性德之真'等等,仍然体会不深。那天吴先生的具体谈话,言语不多,但能感到他对湛翁有种智慧感应、生命相通的相知之乐,使我领略到他所自咏的'每温书味思茶酽'的读书境界,沉浸玩味,而不浅尝辄止。"(王水照《缅怀吴熊和先生》,陶然编《吴熊和教授纪念集》,浙江大学出版社,2014年,第33页)

12月,《划然变轩昂,壮士赴战场——〈满江红〉(按:汉水东流)赏析》、《有心发问,无意作答——〈八声甘州 夜读李广传〉赏析》收入《辛弃疾词鉴赏》,齐鲁书社出版。

12月,《读词常识》(与夏承焘合著)被分务目收录在《唐宋词鉴赏辞典》,江苏古籍出版社出版。

作《林玫仪三过西湖》、《纪念曾巩诞生七百八十年》。(沈松

勤编《庆贺吴熊和教授从教五十周年论文集》,浙江大学出版社,
2008年,第54页)

1987年　54岁

在杭州大学任教。

8月18日,为吴战垒撰写职称评审书。

书曰:"吴战垒同志论著四部及论文数篇,重在论诗谈艺,旁
通文史书画诸学术、艺术领域。作者学养俱深,目光犀利,议论
精辟,词采华发。善于结合传统美学与西方美学之长,积学酝
理,圆融观照,慧心慧眼,抉隐发微。其艺术见解,每多深至独造
之境,是以卓然自成一家。所注西湖散曲及宋人绝句,亦精当不
移,可窥其厚积薄发之功力。"(《职称评审书》,吴蓓、吴敢编《吴
战垒先生纪念集》,中华书局,2015年,第218页)

8月,《辛弃疾〈美芹十论〉作年考辨》收录在《辛弃疾年谱》,
齐鲁书社出版。

9月29日,任中文系系主任。(杭州大学校组字〔1987〕30号)。

11月17日,应邀赴上海为复旦大学中文系中国古代文学助
教进修班作《如何建立词学研究的新体系》演讲。

林家骊:"1986年9月,我报考了复旦大学中文系举办的中
国古代文学助教进修班,学习汉魏六朝唐宋文学硕士研究生课
程,除了王运熙先生、王水照先生、陈允吉先生等复旦大学的老
师给我们上课外,还邀请了当时许多有名的学者给我们上课,其
中就有吴先生,时任复旦大学中文系常务副主任的陈允吉先生
吩咐我联系吴先生,并让我到杭州接吴老师到上海讲课,1987年
11月17日,吴先生给我们这个班作了演讲,题目是《如何建立词
学研究的新体系》,这是一场高水平的演讲,给大家很多启发,同

学们都反映受益匪浅。演讲时,我们给吴先生拍了一张照片,吴先生穿着深蓝色呢中山装,别着杭州大学校徽,意气风发地站在讲坛上,同学们让我把这张照片送给了吴先生。"(林家骊《追忆吴熊和老师》,陶然编《吴熊和教授纪念集》,浙江大学出版社,2014年,第90页)

11月,主编的《陆游论集》由吉林文史出版社出版。

本年,赴济南参加辛弃疾研讨会。

卫军英《吴熊和教授轶事二则》:"1987年,和吴熊和老师一起去济南参加辛弃疾会议,回杭州时候没有火车票,最后搞到站票。从济南到杭州,20多个小时,吴先生车上一口饭也没吃。上车后我跟乘务员打交道,给他和孔镜清老师搞了两个小凳子坐下,后来到中途我帮他搞到卧铺,才可以休息一下。车上和吴先生聊天,有一句话印象很深,他说会议上'他们谈的问题,我的书解决了,我没解决的问题,他们也解决不了',当时很是佩服,咱们杭大的唐宋词研究果真厉害,但是这个话现在不知道该怎么说。"(卫军英《吴熊和教授轶事二则》,陶然编《吴熊和教授纪念集》,浙江大学出版社,2014年,第114页)

《从宋代官制考证柳永生平仕履》在《文学评论》1987年第3期发表。后收入《吴熊和词学论集》,杭州大学出版社1999年出版。

《从宋代官制考证柳永生平仕履》含两部分内容。第一部分"柳永的登第和改官",又分:一、景祐二年(1035),以未成考不得举;二、庆历三年(1043),吏部不放改官;三、由泗州判官改著作郎,当在庆历三年十月后不久。第二部分"改官后的柳永"又含:一、柳永改官后先为县令;二、柳永改官后的历次升迁。文中指出:

"柳永担任过监当官（监晓峰盐场）、幕职、州县官（睦州推官、泗州判官），论官阶概属选人。后迁著作郎，太常博士，就已改为京官。最后仕至屯田员外郎，则又转为升朝官。柳永的仕进之迹，正合乎宋代磨勘制度下的官阶转改之序。由此入手考证柳永的生平及其仕历，应视为一条重要线索。"

本年，指导日本留学生村越贵代美。

村越贵代美《回忆我的老师吴熊和先生》："二十五年前，我在日本御茶之水女子大学念博士的时候，在中文系图书室里看到了吴熊和先生的《唐宋词通论》，文字简要，内容深刻，就下决心去中国找吴熊和先生学习宋词。幸亏通过了日本文部省派遣留学生考试，我才有机会跟他学习了。这宝贵的经验给我打好了作为词学者的基础，回国后我写了博士论文，获得了博士学位。当时，吴先生担任杭州大学中文系主任，工作繁忙，我又是简单的中文也说不清楚的留学生，可是他抽时间，每个星期在办公室很有耐心地给我一对一上课。"（村越贵代美《回忆我的老师吴熊和先生》，陶然编《吴熊和教授纪念集》，浙江大学出版社，2014年，第125页）

1988 年　55 岁

在杭州大学任教。任中文系主任。

5月，《唐宋词通论》获1987年度浙江省高等学校自然科学、文科科学研究成果奖文科科学一等奖。

5月，与夏承焘先生亲属护送夏承焘先生骨灰盒去千岛湖羡山岛安葬。

陆坚《不老甘泉自在流》："1988年5月我们护送夏先生的骨灰盒去千岛湖羡山岛安葬，夏先生陵墓落成那天，原定由他（指吴熊和先生)宣读祭文,但他也是一再谢辞,最后叫我宣读。"(陆坚《不老甘泉自在流》,陶然编《吴熊和教授纪念集》,浙江大学出版社,2014 年,第 45 页)

7 月 7 日至 23 日,"作为杭州大学代表团成员至日本静冈大学、岛根大学签订与杭州大学合作协议,为期二周。同时访问筑波大学与静冈县立大学。"并做《中国的词学》学术报告。后发表在《词学》第 34 辑(2015 年 12 月)。

《中国的词学》文中曰:"词学这个园地,是经过中日两国学者共同灌溉的,词在日本也有过黄金时代。明治时期的森槐南在其父森鲁直影响下,雏凤音清,词尤杰出,黄遵宪认为是'首屈一指'的东瀛词家。当代一些日本学者,对词学研究还有先导之功。如林谦三的《隋唐燕乐调研究》,是研究隋唐燕乐与词、乐关系的必读书。希望随着中日文化交流的日益扩大,在词学研究上出现两国学者共同努力的新成果。"

陶然《跋》曰:"《中国的词学》一文,是吴熊和先生于 1988 年七月随杭州大学代表团访问日本时,在静冈县立大学、岛根大学所作的学术报告。吴熊和先生辞世后,我在编辑《吴熊和教授纪念集》及整理先生遗稿、未刊稿的过程中,浙江大学韩国研究所陈辉先生赐告,当年曾与吴熊和先生同行访日,并担任吴先生所作报告的现场翻译,故至今尚保存着当时的铅印底稿。这是吴熊和先生未曾在国内发表过的一篇论文,今日能够读到此文,是要郑重感谢陈辉先生的。这篇文章对于中国词学尤其是清代词学所取得的贡献及其不足,进行了梳理;对于二十世纪中国词学的成就作了界定和肯定;对于词学的进一步发展方向作了探讨。着墨不多,要言不烦,却能使读者对于整个中国词学的发展有提要钩玄式的理解。其次,文章对于词调之学作了进一步开拓研究的示范,即从声情和词人择调问题入手,探讨另建'词调之学'的可能。再次,文章提出探讨词源的问题,不仅应从音乐方面考虑,还需要从词与乐工、歌妓之关系等社会、文化、制度条件等方面予以考虑,才能找到'新的线索'。另外,由于是面向日本学者所作报告的缘故,文章还对中日词史与词学的联系作了回顾与展望。对照 1985 年出版的《唐宋词通论》中的相关论述,不难发现吴熊和先生对这些问题的思考是有进一步发展的。将近三十年过去了,这篇文章中所提及的词学问题和发展方向,有的已颇获进展,而诸如新的'词调之学'及域外词学研究等方面,还存在着广阔的开拓空间,有待后来学者的继续推进。这更加印证了吴熊和先生敏锐高远的学术眼光和本文的学术导向意义。"

陈辉《忆吴熊和先生》:"我有幸自大学毕业便结识先生,时常为先生与日本学人交流担任翻译。其中与先生最接近的一次,是 1988 年 7 月随杭州大学代表团访日,并为吴先生在静冈县立大学、岛根大学所做学术报告《中国的词学》担任现场翻译。与吴先生在日本朝夕相处一旬,先生给我留下了非常深刻的印象:谦谦君子,满腹经纶,一口吴侬软语,千年唐宋词史娓娓道来。"(陈辉《忆吴熊和先生》,陶然编《吴熊和教授纪念集》,浙江大学出版社,2014 年,第 93 页)

10 月,《唐宋词通论》获 1978—1987 全国古籍优秀图书一等奖。

12 月,接林玫仪《敦煌曲子词斠证初编》。

《什么是词》在《古典文学知识》1988 年第 4 期发表。

12 月,《张子野词》(校点)由上海古籍出版社出版。

1989年 56岁

在杭州大学任教,任中文系主任。

3月,《唐宋词通论》(增订本)由浙江古籍出版社出版。

5月,被浙江省政府授予1988年度浙江省劳动模范称号。

8月,《〈彊村丛书〉与词籍校勘》作为"代序"收录在《彊村丛书(附遗书)》,上海古籍出版社出版。

《〈彊村丛书〉与词籍校勘》指出:"《彊村丛书》的校例,是朱孝臧前校《梦窗词》、《东坡乐府》的'五例'、'七例'的发扬光大。当然,以《彊村丛书》网罗之富,品类之多,有非词家别集的校例所能赅举的。作为一部集大成性质的词籍丛刻,它在校勘方面的内容是很丰富的。然其中心内容,则仍是创自刘向的传统的古籍校雠之法,与校刊词籍所特需的校律之法,两者参互结合。校律之法,可溯自万树《词律》,经由朱孝臧的推衍充实,其纲目始备,无疑是《彊村丛书》在词籍校勘上高出众流的独绝之处。下面即就《彊村丛书》的校勘之学,择其对于今天词籍校勘仍有重要意义者,试述数例,以供参考。"

"试述数例"为:一、尊源流;二、择善本;三、别诗词;四、补遗佚;五、存本色;六、订词题;七、校词律;八、证本事。

8月,接日本村上哲见《唐五代北宋词研究》。

暑假,与杭州大学中文系老师赴新昌考察浙东唐诗之路。

陈辉《忆吴熊和先生》:"正是那一次的结缘,吴先生知道我老家在新昌,于是,在翌年暑假,中文系组织相关专家考察唐诗之路时,特意也邀我一同前往,让我这个滥竽充数的南郭先生颇有一番衣锦还乡之感,也让我享受一次非常难得的诗词教学的田野课堂。"(陈辉《忆吴熊和先生》,陶然编《吴熊和教授纪念

集》,浙江大学出版社,2014年,第93页)

8月,主编的《十大词人》由上海古籍出版社出版。

吴熊和《〈十大词人〉前言》曰:

词兴于唐,盛于宋,衍于金、元,衰于明,复盛于清,这是绵历千余年的词史的大致脉络。其中两宋词尤称极盛,名家辈出,光照后世。本书介绍的十六词人,计晚唐一家,五代一家,北宋三家,南宋三家,清初二家,是词史各个发展阶段中的代表人物。这十家词所达到的杰出成就,足以使本来被视为"小技"的词,取得了与诗并行共尊的地位,联镳驰骋,各领风骚。

词与诗具有同质性,它们本质上都是抒情的。但同质性不等于同一性。词与古近体诗各有适合于它们涉足与开拓的表现领域,艺术上也各有专擅与偏胜。两者彼此相通,然而并不因此可以相兼或相合。一切文体都有它特有的长处,也有它不可避免的短处。诗所涉及的领域无疑要比词广泛得多,艺术手段也丰富得多。相对来说,词用于记述社会现实即非其所长。词中偏多翡翠兰苕而缺少碧海鲸鱼的宏伟气象。谁也不能要求从令、引、近、慢中提供时代动乱和民生疾苦的历史画卷。但词按照其本身特性,以发挥其艺术潜能,它为自己创造了有别于诗而独立存在的价值和标准。晚唐五代与两宋词,就深入地伸展到人们的感情世界,不但揭示了人生经历中许多动人境界与优美情操,而且还探索了隐藏于人们内心的一些敏感而微妙的心理领域,在人们心灵之间建立起相知相感的新方式与情绪交流的新通道。虽然还不能说这些是词所独有的,但至少是可以与诗互补的,或者是诗所不能替代的。

李清照的《词论》早就提出了词"别是一家"的说法。据她看来,把词当作"句读不葺之诗",不免是莫大的误解。作为一种燕乐歌词，词首先必须协乎音律，这是词与燕乐的亲缘关系所决定的。按谱填词，以词应歌，不能不在词的形式体制上留下若干不可磨灭的合乐印记。但是，作为一种抒情诗体，词在题材、语言、风格等方面，还应坚持词所应有的一系列要求，这是形成诗词之大别的更内在的东西。前者是词律、词式问题，后者则是词的体性与词的风格问题。李清照历评唐五代及本朝词人，称许南唐君臣"尚文雅"与秦观"专主情致"，不满于柳永"词语尘下"与贺铸"苦少典重"，从中不难看出她所持的论词标准。李清照从形式体制与内容风格这两个方面来强调词"别是一家"，尽管具体论述不无偏颇，目的却在于维护词的特性与词的传统。后代论词，也无不以此为中心论题。

唐宋词的演变，可以说是围绕着李清照所提到的上述两个方面展开的，不过突破了李清照个人所限定的过于严苛的标准。词的内涵应该是丰富的，而不是狭窄的；词的发展应该是多向的，而不是单一的。李清照拘泥于《花间集》以来词的旧有传统，致使她无法理解与接受苏轼词的重大革新意义。词在唐宋两代，从《花间》、南唐专作小令，到柳永大量创制长调慢曲；从原先以清切婉丽为宗，到苏轼、辛弃疾横放杰出，自张一军；从周邦彦代表宣、政风流的汴京新声，到姜夔、吴文英骚雅谐婉的笙箫自度曲，词的形式体制迭经翻新，内容风格也在不断的开拓与创新中益臻完美。在这样的基础上再来谈论词的特性，就有可能比李清照说的更为充分与符合实际。现在至少可以补充说，词这种抒情诗体既有统一的一面，又有多样化的一面。它的主流一以贯之，然而又流派纷呈，迸发异彩。对词的认识应该随着它的内涵延伸而不断深化。这种状况决不是使诗词之别随之泯灭消失，倒是进一步加强了词"别是一家"的地位与作用。

认识词的特性和了解诗词异同，这对于读词论词都是必要的。从诗的一般特点来谈论词，往往令人有隔靴搔痒之感，未能深中肯綮，这种状况过去和现在都不为少见。人们常常说苏轼"以诗入词"。但苏轼一面"以诗入词"，正其本源；一面又"以词还词"，完其本色。这才是苏轼革新《花间》、柳永词风的全部内容和真正含义。我们读苏词和苏诗，可以领略到诗词所应有的不同风貌。苏词与苏诗，互不相掩，亦互不相让，虽出于一人之手，两者却不会合流与同化。苏轼词之所以能为人称道，正在于他善于发挥词体之长，在继承传统的基础上去努力开拓词的表现内容与表现手段，使之臻于妙境。苏轼是如此，其他词人又何尝不是如此。

本书主要介绍了温庭筠、李煜、柳永、苏轼、周邦彦、辛弃疾、姜夔、吴文英、纳兰性德、陈维崧十位词人的生平事迹和艺术特色。自唐五代至清初词体发展的源流脉络大体可以窥见。如能有助于读者对词的爱好，进而探索诗词的特质以推动词学研究，就更是作者编写本书的真诚愿望了。

本书取名《十大词人》，其中个别的是否能居于十大词人之列或许还有疑义，希望读者赐予指教。

撰写《负一代词名的集大成者周邦彦》和《隐辞幽思、词风密丽的吴文英》两文。

吴战垒《〈吴文英词欣赏〉前言》："1949 年以来至 80 年代初，梦窗词则几乎无人问津，直至 80 年代后情况才有所改变，陆续发表了几篇研究专论，对梦窗其人其词重新进行审视和评价。80 年代末，吴熊和先生主编《十大词人》，则把吴梦窗列入其中，为其实事求是地重新定位。"（吴战垒《吴文英词欣赏》，巴蜀书社，1999 年）

10 月 11 日，参加学校召开的劳动模范报告会。与全国先进工作者郑小明（化学系教师）、李玲蔚（外语系学生）两位同志向全体中层干部作报告。

11月，参与编写的《古文鉴赏大辞典》（徐中玉先生主编）由浙江教育出版社出版。

齐森华《在吴熊和教授追思会上的发言》："早在80年代，徐中玉先生为浙江教育出版社主编《古文鉴赏大辞典》，当时徐先生希望吴熊和先生协助。吴先生放下手头工作，非常尽心尽责地参加了这项工作，前后花了好几年时间，徐先生到现在为止还非常感动。"（齐森华《在吴熊和教授追思会上的发言》，陶然编《吴熊和教授纪念集》，浙江大学出版社，2014年，第55页）

郑广宣《三十年，师恩如山》："因80年代初《唐诗鉴赏辞典》的出版，各地纷纷推出有关古代文学方面的类似图书，而古文方面的书还未之见。我就此向吴老师请教是否可以做一本《古文鉴赏辞典》，并希望他能出任主编。吴老师首先肯定了我的想法，同时推荐了更有资历也更有声望的徐中玉先生做本书的主编，他自己则担任副主编，并协助主编承担了很多工作。《古文鉴赏大辞典》出版后获得了成功，再版重印多次，并在次年获得由读者投票的'全国金钥匙图书奖一等奖'。"（郑广宣《三十年，师恩如山》，陶然编《吴熊和教授纪念集》，浙江大学出版社，2014年，第118页）

11月，获国家教委颁发的国家级优秀教育成果奖。

12月，获浙江省教委颁发的省级优秀教学成果一等奖。

本年作《赠村越贵代美归日本》（七绝）诗三首。时村越贵代美随吴先生学成归日本。

为吴战垒选注《唐诗三百首续编》作序。

《序》中曰："但是，《唐诗三百首》也有若干明显的不足。从选诗来看，或失之宽，或失之偏。它选了一些可以不选的诗，却遗弃了一些不可不选的诗。这两种情况同时存在。由于所选以'诗三百'为限，后一种情况就尤为突出。中唐诗人李贺，严羽《沧浪诗话》称为'天地间自欠此体不得'，可是李贺的诗一首也没有入选，就是一个显例。不少符合孙洙选诗标准即'脍炙人口'且'尤要'的唐诗名篇，在《唐诗三百首》中却遍觅而不得。为此，人们在抚卷之余，终不免常有'遗珠'之憾。

有鉴于此，友人吴战垒应安徽文艺出版社之约，编选了一本《唐诗三百首续编》，就是为了弥补这种'遗珠'之憾。解放以后，有些同志一度打算撇开原来的《唐诗三百首》，另外新编或重编，出版过《新编唐诗三百首》之类的选本。可惜用心虽好，并没有取得多大成功。因为凡是经过历史检验、得到广泛公认的东西，都不是轻易可以取代的。恰当的办法，是尊重它们的历史存在与在社会上业已形成的影响，同时另行设法弥补它们无可讳言的不足。对于《唐诗三百首》来说，用'续编'的办法以补其不足，就不失为一种可取的办法。这对读了《唐诗三百首》尚感欠缺与未能餍足的人，也将是有益的。不过要进行这种'续编'的工作，并不是一件容易的事。清道光十七年（1837），即《唐诗三百首》行世七十余年之后，金坛于庆元曾有编《唐诗三百首续选》之举，还与《唐诗三百首》一起合刊过。囿于编选者的水平，这个《续选》本去取不严，精粗杂陈，因而反响微弱。这就说明，一个高明的续编本，除了与孙洙原选保持衔接与连续性，注意'选篇适量'、'难易适度'、'入门适用'等特色以外，更需要思大虑深，着眼于从唐诗一代英华中进行广泛遴选，从而选得更精当，更妥帖，更完善，后出转精。令人高兴的是，战垒的这本《唐诗三百首续编》，就满足了人们的这种期待与要求。这个"续编"对于'正

编'来说,能继其长而补其短,踵其事而增其华。所附的注释与
辑评,阐微抉隐,多所发明,备见编选者的识见与学力,处处表露
出编选者学殖深厚的鉴赏水平与审美情操。这样的'正编'与
'续编',合则双美,分则彼此独立,各有传世的存在价值。我相
信,历史将会认可这种异代之间的有效合作。吴熊和,1989 年于
杭州大学。"

1990 年   57 岁

在杭州大学任教。

被浙江省政府授予浙江省优秀中青年科技工作者称号。

5 月,接杨海明《张炎词研究》。

6 月,赴南京参加"首届唐宋诗词国际学术研讨会"。期间,
拜访唐圭璋先生和程千帆先生。

6 月 4 日,在南京师范大学参加《中国词学大辞典》主编会
议。与会者有马兴荣、吴熊和、曹济平三位主编以及在南京的编
委张中、钟振振、萧鹏。(浙江教育出版社《中国词学大辞典》主
编会纪要)

9 月,作《谒唐圭璋先生南京寓所》(七绝)二首。后发表在
《词学》第 16 辑。

"其一"有注语曰:"唐先生言及抗日时至南京受伪命者,辞
色甚厉,如判千秋重案,其情景令人难忘。"

"其二"有注语曰:"曩读章学诚《文史通义》论浙东学术,'学
者不可无宗主,而必不可有门户,故浙东浙西并行而不悖也'。
近人论词,或主重拙大,或主小轻巧。其实词出多门,体性各异,
不必勉为一轨道。座间有论及者,故志于此。"

10 月 6 日至 10 日,在杭州参加《中国诗学大辞典》、《中国词

学大辞典》、《中国曲学大辞典》三书主编联席会议。会议议程为（一）交流三书的工作进程和编撰经验；（二）就如何用词条的形式反映学术性的内容及统一三书体例等问题展开讨论；（三）研究并解决在列目、撰稿过程中发现的问题；（四）各书解决各自的遗留问题；（五）其他。与会者有《中国诗学大辞典》组的傅璇琮、许逸民、董乃斌、王学泰、吴小林，《中国词学大辞典》组的马兴荣、吴熊和、曹济平、钟振振、高建中、王兆鹏，《中国曲学大辞典》组的齐森华、陈多、叶长海、徐扶民、陆萼庭等。（浙江教育出版社 1990 年 9 月 10 日会议通知）

11 月 20 日，国务院学位委员会第九次会议批准了第四批博士学位授权学科、专业及其指导教师。杭州大学增设的博士点 1 个，为西方哲学。新增的博士生指导教师 5 人，为西方哲学夏基松教授，中国古代史梁太济教授，中国古代文学吴熊和教授，有机化学黄宪教授，概率论与数理统计专业林正炎教授。

11 月，主编的《唐宋诗词评析词典》由浙江人民出版社出版。其中有先生所撰前言和《唐宋词答问》（与黄嘉灏合作）。

《前言》曰：

本书选录唐宋诗词凡一千余首。数量并不算多，但可以就此集中地读到唐宋诗词中的一些精华部分，进而对这两代诗歌之盛获得完美的整体印象。

唐诗、宋诗与唐宋词，通常总是分别选编的。本书把它们三者合选在一起，这是出于下面两点考虑。

一、历来有宗唐、宗宋之争。宗唐者每鄙薄宋诗，宗宋者又往往不满唐诗，分流别户，入主出奴，历来流弊甚多。论诗而只取唐，论词而只取宋，象有些明人那样认为唐以后无诗，宋以后无词，都是莫大的偏见。唐宋两代，同是我国古代诗歌高度繁荣的时期。清末的沈曾植、陈衍就认为"诗莫盛于三元"（见陈衍《石遗室诗话》卷一）。所谓"三元"，上元为盛唐的开元，这就是李白、杜甫的时代；中元为中唐的元和，这就是韩愈、白居易的时代；下元为北宋的元祐，这就是苏轼、黄庭坚的时代。论诗主"三元"，就超越于宗唐、宗宋诸说，它的着眼点在于诗歌成就与发展主流，而不拘于朝代的畛域，不愧为史家的弘通见识。钱钟书先生在《谈艺录》中还提出，唐诗与宋诗，"非仅朝代之别，乃体格性分之殊"，"唐诗多以丰神情韵见长，宋诗多以筋骨思理见胜"（《谈艺录》第 2 页《诗与唐宋》条）。认为应该博采唐宋，兼取其长。这更是一种慧光独照、深谙艺术三昧的卓越见解了。至于唐宋词，亦向被推为一代之胜。唐宋词一面自成系统，占有自己独立开辟的艺术领域，一面又与诗在平行发展中彼此交错渗透，互济互补。词之与诗，体制虽殊而本源则一，在唐宋时期并行而共尊，既不相让，亦不相掩，一起参与建造了辉煌宏丽、照耀后世的艺术殿堂。因此，唐诗、宋诗与唐宋词，固然需要分开来选读，可是也需要合起来选读，以便全面地展示我国古代诗歌在唐宋两代鼎盛时期的总体风貌。

二、唐宋两代的诗歌是一脉相承的，前呼后应，似断若续，中间难以截然分开或加以割裂。以诗来说，诗至唐而极其盛，至宋而极其变。以词来说，则发轫于唐而大昌于宋。写文章常有上篇与下篇。唐宋两代诗词之间的渊源关系或许与之类似。唐音之与宋调，即如刘禹锡《浪淘沙》所云"前波未灭后波生"（《忠雅堂诗集》卷十三）；唐曲子之与宋词，则如惠洪《冷斋夜话》所引船子和尚偈所云"一波才动万波随"。它们都可谓之"一波而两浪"，一浪在唐，一浪在宋，前涌后推，此起彼落。不过波峰的高下抗坠，两者各有不同而已。因此，文学史上通常是唐宋连称。

说宋则必推本于唐,说唐则多沿波及宋。本书把唐宋诗词合选于一编,就是为了便于说明唐宋两代诗歌的源流正变,看到其间递嬗演变的脉络与轨迹。

本书约请了一百多位有关专家为所选的一千余首唐宋诗词写了鉴赏文章。鉴赏诗词,并不止于疏通文字,分别章句。更要善于涵泳其中,讽诵玩味,然后有所"妙悟"。有了感情上的交流与感应,才能"会心处不必在远",真正进入艺术境界。但精于鉴识,并不容易。有时尽管面对艺术珍品,却苦于不知从何而入,徒然目盲心迷而已。宋代的大诗人陆游除了谈到过作诗之难,还谈到过读诗之难。他说:

诗岂易言哉,一书之不见,一物之不识,一理之不穷,皆有憾焉。同此世也,而盛衰异;同此人也,而壮老殊。一卷之诗有淳漓,一篇之诗有善病。至于一联一句,而有可玩者,有可疵者!有一读再读至十百读,乃见其妙者;有初悦可人意,熟味之使人不满者。大抵诗欲工,而工亦非诗之极也。锻炼之久,乃失本指;斫削之甚,反伤正气。虽曰名不可幸得,以名求诗,又非知诗者。纤丽足以移人,夸大足以盖众。故论久而后公,名久而后定,呜呼艰哉!(《渭南文集》卷三十九《何君墓表》)

陆游所谈的,就大都属于诗歌的鉴赏问题。积学酌理,知人论世,善于分辨利病工拙,这些就都非易事。他说有些诗篇需要一读再读乃至十百读,方能悟达其旨,领略其妙,这也是鉴赏古代诗歌通常要经历的披文入情、逐渐深化的过程。陆游的这番话,概括了很多人读诗时的鉴赏体验。至于读词,可能还"别有一般滋味"。俞平伯先生在《清真词释序》中曾说:"诗非五言定七言,词却不然了,满纸花红柳绿的字面,使人迷眩惊奇。有一些词似乎怎么读都成,也就是怎么读都不大成。"(《论诗词曲杂著》第579页)初学词的人,产生这类"怎么读都成,怎么读都不大成"的感觉,确实是难免的。本书的许多鉴赏文章,目的就在于给读者以入门之助。使读者在讽咏之余,进而究其义蕴,探其意境,徜徉于情理韵味,嗟叹于句调风神,渐次进入诗歌艺术的堂奥。本书还按所选诗词,汇辑了前人的有关评论。这些评论,虽然大多为吉光片羽,但它们或述纪闻,或较工拙,或传诗艺,或酌古今,议论纵横,不拘一格,言多可采,蕴藏着谙于创作甘苦的名理慧解,展现了古代诗论、词论的丰富性与多面性,这对提高我们艺术素养和审美情操,无疑是有所裨益的。

艺术鉴赏,应该"如人饮水,冷暖自知"(《坛经·行由品第一》)。初学者固然有时不免要依靠旁人指点,引导入门,犹如旅游有时需要一个好的导游一样。但旅游的目的并非在于欣赏导游,而是要直接欣赏真实的佳丽山水。鉴赏诗词,也应重在心灵的感悟,领受到美的愉悦。这是只能得之于己,而不能一一求之于人了。至于司空图所说的"韵外之致"与"味外之旨"(《司空表圣文集》卷二《与李生论诗书》),就更有点"只可意会,不可言传"的味道。所以好的鉴赏文章,总是以"嚼饭喂人"与"强作解人"为忌,有时只求做到引而不发,点到即止,或者抱着陶渊明那种"奇文共欣赏,疑义相与析"的态度,与读者一起商讨,以期共得切磋之乐。本书就是本着上述精神来编集的。读者如果循此以进,含英咀华,取精用宏,真正得到诗的陶冶和精神上的升华,那就是编集本书的殷切期望。

1991年　58岁

在杭州大学任教。

5月,赴南京师范大学参加王兆鹏、萧鹏两位博士研究生的博士学位论文答辩。

5月25日,在南京师范大学参加《中国词学大辞典》主编会。与会者有主编马兴荣、吴熊和、曹济平及责任编辑郑广宣。(浙江教育出版社《中国词学大辞典》主编会纪要)

8月22日至26日,在杭州参加《中国词学大辞典》审稿会。与会者有主编马兴荣、吴熊和、曹济平,编委肖瑞峰、萧鹏,特邀专家严迪昌,责任编辑郑广宣等。会议议程为讨论重点条目,专题研究明、清、近代部分条目的撰稿、审稿问题等。(浙江教育出版社《中国词学大辞典》审稿会纪要)

9月,作《追怀瞿禅师》四首(七绝)。前有小序曰:"浙江美院夏子颐教授示以珍藏瞿禅师手书诗词长卷,拜诵再三,低回无已。紫霞仙去,已逾一纪,仰望云山,谨题四绝于后。"后发表在《词学》第16辑。

《追怀瞿禅师》"其一"注语曰:"师壮岁专致白石词,尝谓白石清刚一派,与婉约、豪放鼎足而三。"

"其二"注语曰:"唐宋十种词人年谱,初成于严州,定稿于钱塘江畔月轮山。以年谱体例考订词人行实,年经月纬,条分缕析,承史家之专长以治词史,唐宋词始得有序论次,得观通变。"

"其三"注语曰:"师壮岁客游西北,苏仲翔推'马头一线落黄河'为此行名句。晚年居北京朝阳门外,题所居为天风楼。'与君今日无他愿,白首同归雁荡山',虽晚年所赋,实为一生夙愿。"

"其四"注语曰:"浙江所刊《夏承焘集》八卷,平生著述,大都汇集于此。小长芦钓师,朱彝尊号。"

10月,获国务院政府特殊津贴。

10月30日,国际性诗话词话研讨会在桂林召开。在会上举行的夏承焘词学奖首届颁奖仪式上,《唐宋词通论》获著作一等奖。

《柳永与宋真宗"天书"事件》在《杭州大学学报(哲学社会科学版)》1991年第1期发表。后收入《吴熊和词学论集》,杭州大学出版社1999年出版。

《柳永与宋真宗"天书"事件》一文指出:"柳永词与北宋某些重要时事有关。如真宗时的'天书'事件,仁宗时的多次节庆献颂与应制。然而后世治柳词者,罕有论及,致使研究柳永生平失去了一个不可或缺的环节。本文先述前者,考订柳永《玉楼春》诸词与真宗'天书封祀'的关系,并借此推求柳永早年在汴京的活动情况。初读《乐章集》,见有《玉楼春》五首,前两首咏宫中夜醮;《巫山一段云》五首,述道家游仙;《御街行》一首,言燔柴祭天,初尚不明所指。嗣后读《宋史·礼志》及李焘《续资治通鉴长编》真宗部分,方憬然有悟,柳永上述诸词,概与真宗'天书'事件有关,皆有其现实背景。这类词且有十首左右,为数可谓不少。"

《〈词话丛编〉读后》在《书品》1991年第3期发表。后收入《吴熊和词学论集》,杭州大学出版社1999年出版。

《〈词话丛编〉读后》指出:"自宋以来,词论的形式,大体有四类,词话仅是其中之一。另外三类,一是词集序跋,金启华先生编有《唐宋词集序跋汇编》,施蛰存先生编有《词集序跋萃编》,已先后问世,唐宋词集序跋,可谓汇录大备(宋人词集序跋可补者尚多)。但清人词集总量在五千种左右,词集的序跋也数以千计,有些还自立门户,持论精辟,后出转精,需要有人花大力气多方搜辑,词论史将来也可以为之另辟专章。二是词集评点,清初这种风气尤盛,一些名家诗集每经众人逐首参评。这种'友情参评',往往不免过誉过当,但也保存了不少有价值的词史资料。三是论词绝句,从论诗绝句演化而来。从杜甫《戏为六绝句》之后,论诗绝句代有名作,论词绝句则至清始盛。浙派中坚的厉鹗并无词话之作，但他的《论词绝句十二首》，与他的《绝妙好词笺》一样，同样在词论史上具有重要影响。岭南谭莹《乐志堂诗集》卷六，所赋《论词绝句》多达一百七十七首，尤可见出当时论词绝句的流行盛况。研究历代词论，也需要把这些论词绝句汇集起来，列为了解词论、词史的一个重要方面。"

10月，《柳永与孙沔的交游及柳永卒年新证》（存目）收录在《国际宋代文化研讨会论文集》，四川大学出版社出版。全文在《词学》第10辑发表，华东师范大学出版社1992年12月出版。后收入《吴熊和词学论集》，杭州大学出版社1999年出版。

《柳永与孙沔的交游及柳永卒年新证》一文由三部分组成。（一）柳永与孙何——一个以讹传讹的传说；（二）柳永《望海潮》词是投赠给知杭州孙沔的，其时当为至和元年（1054）；（三）柳永的卒年不应是皇祐五年，而是至和元年之后的一二年间。

1992年　59岁

在杭州大学任教。

3月8日，致函李剑亮，指导其论文写作和学术研究。

函中曰："大作（指论文《渔父与中国文学的隐逸思归母题》——引者注）已细读两遍。建议贵校学报先予发表。尊文事实分析与理论探讨并重，从渔父词这类文学现象上溯其母题，较之同类论文自然深入一步。唯文字稍长，可略作精简，以万字为限，最好8千字左右。……研究唐宋歌妓制度，目前尚无专书。谢桃坊有一文略事考证，见《中华文史论丛》（或《文献》），可见概略。然大量史料尚需重新钩稽。叶申芗《本事词》不足为据。此事须读《教坊记》（有任二北先生笺证本，上海古籍出版社）、《北里志》、《青楼集》（三书均已为《中国古典戏曲论著集成》收辑）诸书,并确定几个重点作家,采辑其与歌妓有关之资料,如白居易、苏轼、柳永、晏殊、欧阳修、周邦彦、秦观等,以北宋为主。据我所见,这些资料是大量的,据之可以引出若干重要结论,为研究词史与词人生活及创作状况开拓一个境地。"

4月23日,参加中共杭州大学第九次代表大会,被选举为校第九届党委委员。

7月起,任《词学》编委。

9月,招收李剑亮、宋广跃为博士生(宋广跃后退学)。

9月,招收陶然为硕士研究生。

陶然《追怀吴熊和先生》:"1991年通过南京东南大学王步高先生的介绍,我与吴熊和师开始通信,曾寄去拙诗劣词若干首呈教,并表达了希望拜入门墙的心愿。先生很快回信同意我报考他的研究生,并指出拙作之弊在'伤于老气',并以'为赋新词强说愁'告诫,令我惕然而惊。我虽自幼爱好诗词,但一直没有名师指导,自1992年考入杭州大学跟随吴先生之后,才算稍窥门径。"(陶然《追怀吴熊和先生》,陶然编《吴熊和教授纪念集》,浙江大学出版社,2014年,第144页,第91页)

10月,主持召开《唐宋词汇评》编撰工作会议。与会人员有浙江教育出版社曹成章、郑广宣,华东师范大学邓乔彬,东南大学王步高,杭州大学吴熊和、沈松勤、李剑亮、宋广跃,浙江图书馆谷辉之等。

10月,作《缪彦威教授九十寿辰》二首(七绝),后发表在《词学》第16辑。

12月,《关于李清照〈词论〉》在《李清照作品赏析集》发表,巴蜀书社出版。后收入《吴熊和词学论集》,杭州大学出版社1999年出版。

《关于李清照〈词论〉》指出:"这篇词论涉及词史、词律、词人评论等众多问题。它从词在唐五代形成和演变讲起,历评前代和当代词家。但这些并不是本文的目的。李清照论述历史和现状,其目的是在于借此阐明词的体性和特点,论证诗词之大别。因此,她于篇末明确地提出'别是一家,知之者少'这个问题,呼吁词家予以认同,并在创作实践中尊重和发扬词的特性。这是李清照这篇《词论》的核心。不理解这一点,就容易对文中的某些评论产生误解,认为李清照持论失之偏颇和对那些前辈词人过于苛求。"

12月,《唐宋词精选》(与肖瑞峰合著)由江苏古籍出版社出版。

12月,《高丽唐乐与北宋词曲》收入《中华文史论丛》第50辑,上海古籍出版社出版。

12月,《柳永与孙沔的交游及柳永卒年新证》收入《词学》第10辑,华东师范大学出版社出版。

1993年　60岁

在杭州大学任教。

任杭州大学人文学院院长(至1995年)。

林家骊:"1993年下半年,杭州大学在沈善洪校长的主持下,要在中文系、历史系、哲学系、古籍所的基础上酝酿成立人文学院,吴先生、金普森先生刚刚从中文系、历史系主任的位置上退下来,受命这个学院的筹建工作,与在任的四单位的负责人一起,组成了人文学院的领导班子。各单位各抽调了一位年轻的博士,担任助理,我也在其中。1994年上半年,杭州大学人文学院正式成立,吴先生担任首任院长,我兼任办公室主任。这样,我们就直接在吴先生领导下开始了工作。"(林家骊《追忆吴熊和老师》,陶然编《吴熊和教授纪念集》,浙江大学出版社,2014年,第91页)

被国家人事部评为国家级有突出贡献中青年专家称号。

4月,接黄文吉《宋南渡词人》。

4月20日至5月1日,应邀赴台北参加"中研院"中国文哲研究所举办的第一届词学国际研讨会。宣读《郑文焯手批梦窗词》论文。后收入《第一届词学国际研讨会论文集》,"中研院"文哲研究所1994年11月出版。又收入《文史》第41辑,中华书局1996年4月出版。又收入《吴熊和词学论集》,杭州大学出版社1999年出版。

《郑文焯手批梦窗词》所指为"杭州大学中文系所藏之郑文焯手批《梦窗词》,原归周昌富收藏,有'周昌富收藏金石书画之章'钤记,另有'苔痕上阶绿,艸色入帘青'、'余事'、'如见面'等闲章。原书为王鹏运、朱孝臧合校《梦窗词》的初刻本。郑文焯据此本批校,历时十余年,题识几遍。在郑文焯手批《梦窗词》的多种本子中,它是历时最久,批校最多,也是他本人最为珍视并一直由自己保存的一个本子。"全文分四部分:

其一,为《梦窗词集》正名。指出"梦窗词集,宋时刊本写本,已知者凡四种",分别是(一)尹焕序本;(二)《六十家词》本;(三)《霜花腴词集》;(四)梦窗亲书《新词稿》。

其二,讨论郑文焯校订《梦窗词》义例。认为郑文焯校例的主要之点是:(一)信从与珍视梦窗手写词卷;(二)推究毛、杜二本得失及其致误之由;(三)齐以声律。

其三,论述郑文焯批校《梦窗词》之若干创获。认为:"郑文焯于《梦窗词》有校有批。全书以校为主,行间眉上,随处涂抹,时见精识。其余批语，亦不下数十处，涉及甚广。由于学养俱深，涵咏且久，其间不乏胜义，足为研治《梦窗词》者采择。这些批语可以单独辑为一卷，与朱孝臧《梦窗词集小笺》并附于《梦窗词集》之末。兹分论词、释典、订律三类，略举其例。"

其四，讨论郑文焯选定《梦窗词》二十七首选目。指出："郑文焯于《梦窗词》初拟入选三十首，后选定二十七首。他认为张炎《词源》喻梦窗词为'七宝楼台'，犹为目论。所以另立标准，特重其空灵诸作。"

林玫仪《怀念吴熊和先生》："1993 年 4 月，本所召开第一届词学国际研讨会，由我负责筹备，当时邀请吴先生等十位大陆学者来台，在会议期间，我与吴先生及饶宗颐先生、严迪昌先生三位讨论到清词之发展前途，一致认为资料乃是研究的基础。当时《全清词》之出版看来遥遥无期，清词研究的发展颇受局限，因此商定先访查各图书馆中存世清代词集之现况，汇集各书不同版本，出版一册目录，俾便学者能按图索骥访求文本，才能激励清词研究之开展。……在此之前，吴先生在杭州大学中文系发现湮没已久的郑文焯手批《梦窗词》一册，此书批于王鹏运、朱祖谋合校《梦窗甲乙丙丁稿》之初刻本上，有校有议，且题识多达四五百条，大多是王、朱校本所未及或郑氏别有所见者。吴先生在第一届词学国际研讨会发表的《郑文焯手批梦窗词》一文，即介绍此书，并归纳郑氏的校订义例，分析其批校之创获，同时也讨论郑校正名及其《梦窗词》选目等相关问题。吴先生认为此乃郑文焯数种《梦窗词》批校本中最晚出且最完善者，足可以与王、朱校本鼎足而三，因此将此书交由本所影印出版，以广流传。"林玫仪《怀念吴熊和先生》，陶然编《吴熊和教授纪念集》，浙江大学出

版社,2014年,第69—70页)

《吴熊和先生晚年谈话录》:"前几天,林玫仪从台湾寄给我了十几本《郑文焯手批梦窗词》,十多年前台湾'中研院'文哲所影印的。对你有用,等会儿走的时候你带几本去,看看其他谁需要也顺便带去。那本书原是杭大买进的,放在中文系,我就复印了一部给林玫仪,文哲所影印所据的底本就是那个复印本,朱墨批校全成了黑老虎,还不清晰,很可惜!后来四校合并,全校院系资料全收归你们图书馆,好多书一来二去的就搞丢了。你今后留意下,看这本书还在不在图书馆。"(李保阳《吴熊和先生晚年谈话录》,《词学》第32辑,华东师范大学出版社,2014年,第225页)

9月,招收张兴武、徐枫、赵允卿为博士生。其中赵允卿为杭州大学招收的第一个外籍(韩国)博士生。

张兴武《怀念恩师》:"1993年我能自陇上远赴杭城,成为吴先生的博士研究生,便是如此。攻博之前,我一直从事先秦两汉文学的教学和研究,对唐宋一段并未深加瞩目,而有关词学的知识更是近乎空白。以这样的知识结构和学术基础报考一代词学大家的博士生,心中的忐忑不安可想而知。我与先生南北远隔,素昧平生,却能得到先生及时的开解。先生以为由先秦两汉而延及唐宋,源流关系,也许更好。有了这简捷而明确的鼓励,我便觉得命中有缘,积极备考的信心也因此增强了许多。"(张兴武《怀念恩师》,陶然编《吴熊和教授纪念集》,浙江大学出版社,2014年,第126页)

1994年　61岁

在杭州大学任教。

7月，《积薪传火，光大词学》《张先知安陆考》（与沈松勤合著）收入《中华词学》第1辑，东南大学出版社出版。

8月，接葛渭君《阳春白雪》。

9月，招收谷辉之、方勇、萧庆伟、金一平为博士研究生。

方勇《杂忆吴熊和师》："自1994年9月入杭州大学求学后，我曾多次听闻，'文革'期间，吴先生仍治学不辍，没有荒废时间。我在中文系资料室所藏《四部丛刊初编》《丛书集成初编》两部丛书中，也每每亲见先生的钢笔眉批，甚能见出先生用力之勤，用心之专，见解之新，使我感触甚深。同时，每当奉读吴先生的著述，或当面请益时，更能直接感受到其学养之深。先生非凡的学术见识，常使我受益匪浅。在撰写博士学位论文的过程中，我依照先生的点拨，阅读了大量唐宋元明清时期的文献资料，甚至连江南地区的大批方志、族谱也在我的搜讨剔抉范围之中。此一过程，为我大大开拓了学术眼界，也使我对几千年的中国古代文献资料有了整体的把握。日后，我之所以敢于着手《庄子学史》这样的大选题，甚至更大的课题，也深深得益于攻读博士学位期间学术眼界之拓展。"（方勇《杂忆吴熊和师》，陶然编《吴熊和教授纪念集》，浙江大学出版社，2014年，第129页）

萧庆伟《记忆中的吴熊和先生》："吴先生最重视的莫过于博士学位论文的选题了。世人多称誉先生为'词学专家'、'词学大师'，但其实，吴先生是非常注重和强调从史入手，把宋代诗、词、文贯通一体来进行研究的。北宋新旧党争与文学这一选题，就是吴先生特别看重的一个问题，记得吴先生说过：台湾有位学者问他，如果让他选择接下来要做的学术研究，那会是什么？吴先生首先回答的就是北宋新旧党争与文学这一选题。所以入学之初，吴先生即命我以此为题撰写博士学位论文。同门松勤兄也以此题作为博士论文选题,更是见出了吴先生对这一选题的看重了。"(萧庆伟《记忆中的吴熊和先生》,陶然编《吴熊和教授纪念集》,浙江大学出版社,2014年,第132页)

金一平《忆恩师》:"那时吴先生已经开辟了清词研究领域,而且眼光独特达到很高水准。我选择的题目是浙西词派研究,这个研究吴先生指导我是很累的,我本来就跳过了完整的硕士阶段,又从唐宋转到明末清初。吴先生引我入门,要求我习惯从明末错综复杂的政治局面去思考问题,去习惯深刻,习惯厚重,并不时开出书单。"(金一平《忆恩师》,陶然编《吴熊和教授纪念集》,浙江大学出版社,2014年,第135页)

《宋人选宋词十种跋》在《杭州大学学报(哲学社会科学版)》1994年第2期发表。后收入《吴熊和词学论集》,杭州大学出版社1999年出版。

《宋人选宋词十种跋》分别为:一、孔夷《兰畹曲集》跋;二、黄大與《梅苑》跋;三、鲖阳居士《复雅歌词》跋;四、曾慥《乐府雅词》跋;五、桑世昌《回文类聚》跋;六、黄昇《唐宋诸贤绝妙词选》、《中兴以来绝妙词选》跋;七、赵闻礼《阳春白雪》跋;八、增修本《草堂诗余》跋;九、《乐府补题》跋;十、周密《绝妙好词》跋。

《宋人选宋词十种跋》指出:"唐宋词籍则以总集问世最早。晚唐五代之词,就大多为《花间》、《尊前》、《金奁》数集所囊括。毛晋《草堂诗余跋》又谓'宋元间词林选本,几届百指'。它们是宋词兴盛的一个重要侧面。可惜'几届百指'的选集,存者不过十余其一。像《乐府雅词》、《阳春白雪》、《绝妙好词》这样的著名选集,仅赖孤本秘钞,系于一线,经清代学者辛勤搜集,才得以复出重刊。两宋词人有别集者不足百数,见于这些选集的则多达数百家,其重要性本无可取代。清代谭献拟仿王士禛《唐人选唐诗十种》例，取《花间》、《尊前》以来名家选本，就其所选，重行甄录，然意在取材，不在存真。又以周密《绝妙词选》为鹄的，必然失去诸选的本来面目。宣统元年(1909)，武进李氏圣译楼尝拟合刊宋人选宋词，然仅刻《梅苑》一种，余则未见其目。30年代时，夏承焘先生选定宋人选宋词十种，即《尊前集》、《草堂诗余》、《花庵词选》(二种)、《阳春白雪》、《绝妙好词》、《乐府补题》、《名儒草堂诗余》、《天下同文》，附《中州乐府》，而不录《梅苑》。兹亦依《唐人选唐诗十种》例，取宋人选宋词十种，各择善本重校，汇为一编，以《兰畹曲集》始，以《绝妙好词》终。就这些宋词选集进行系统研究，对于了解宋词流派及各时期词坛风会，一定会有不少新的发现并取得重要研究成果。"

本年，发表《〈高丽史·乐志〉中宋人词曲的传入时间与两国的文化交流》，载《韩国研究》第1辑。

本年，《唐五代词三百首》(与沈松勤合作)由岳麓书社出版。撰写《唐五代词三百首·序》。

《序》中曰："有关唐五代词的总集选集，历来颇多。除了《云谣集》、《花间集》外，五代时有吕鹏《遏云集》，宋初有《家宴集》、《尊前集》、《金奁集》，都是唐五代词的总集。北宋孔方平《兰畹集》，南宋勾龙震《谪仙集》，铜阳居士《复雅歌词》，黄昇《唐宋诸贤绝妙词选》，选词都自唐五代始。近人把唐五代词辑为总编的，已有林大椿《唐五代词》及张璋、黄畲《全唐五代词》两种，但需要增删、考订之处尚多。唐五代词总数约在二千首左右，本书所选三百余首，旨在反映唐五代词的总体面貌，历代传诵、脍炙人口的篇章，均一概入选。前人评论，则择其精要，以供参考。篇末所附评述，间与时贤依违，敬请读者批评指正。"

本年起，任《中华词学》主编。

本年,参加林家骊的博士论文答辩。

林家骊:"1991年,我考上了姜亮夫先生的博士生,1994年毕业时,请了复旦大学王运熙先生担任论文答辩委员会主席,吴先生是论文答辩委员会委员。他看了我的《沈约研究》的论文,给我提了两条意见:一条是关于考证方面的,吴先生提出对于问题的考证,要'有十分的把握,讲七分的话',不能把话讲得太过绝对;二是关于沈约研究,不能没有'声律论'方面的内容,否则这个论文是不完整的。吴先生这两条意见提得非常好,答辩以后我作了修改补充。1999年我的《沈约研究》在杭州大学出版社出版,2003年获得了教育部第三届中国高校人文社会科学优秀成果奖三等奖。吴先生也非常高兴。"(林家骊《追忆吴熊和老师》,陶然编《吴熊和教授纪念集》,浙江大学出版社,2014年,第91页)

1995年　62岁

在杭州大学任教。

3月,招收沈松勤为博士研究生。

沈松勤《在吴熊和教授追思会上的发言》:"我从二十岁那年踏入大学之门,听先生授课,到先生这个月仙逝,整整35个年头了。在这35年中,我又从先生攻读硕士学位、博士学位,一直追随先生,受学于先生。这是我生命的重要阶段,也是我生活中重要的部分。"(沈松勤《在吴熊和教授追思会上的发言》,陶然编《吴熊和教授纪念集》,浙江大学出版社,2014年,第75页)

4月16日至18日,赴上海参加清代词学研讨会。

林玫仪《怀念吴熊和先生》:"记得1995年4月16日至18日,本所与华东师大合作,在上海召开有关清代词学的研讨会,吴先生发表《〈梅里词辑〉读后——兼论梅里词派及浙西词派的形成过程》一文。"(林玫仪《怀念吴熊和先生》,陶然编《吴熊和教授纪念集》,浙江大学出版社,2014年,第71页)

5月,指导李剑亮完成博士论文《唐宋词与唐宋歌妓制度》的写作,并举行论文答辩。答辩委员会主席为严迪昌教授,成员为吴熊和、陆坚、肖瑞峰、朱宏达、吴战垒、陈铭等教授。

6月,赴美探亲,作《贺新郎》(片叶云头坠)。

9月,招收费君清、沈家庄为博士研究生。

费君清《春风化雨,师恩如山》:"为了把硕士阶段尚未完成的研究工作进一步深入下去,全面研究江湖诗派的演变和对宋元诗歌发展的影响,同时也为了更多地得到先生的指导,于是我在1995年又报考了吴先生的博士研究生。我所选择的博士论文题目仍旧是关于江湖诗派研究。吴先生听了我的设想后,明确肯定了这个选题有价值,可以继续做。他说'江湖诗派是南宋后期历时久而范围广的诗人群体,是宋诗的主要诗派之一,代表了三百余年宋诗演变的重要一环,对由宋入元的诗歌发展有着重要影响。'"(费君清《春风化雨,师恩如山》,陶然编《吴熊和教授纪念集》,浙江大学出版社,2014年,第81页)

沈家庄《初冬的缅怀》:"1995年5月,到了杭州。很紧张地进入考场。第一场专业课,两道题:一是将苏轼的《水调歌头·快哉亭作》用文言文进行赏析;二是将周邦彦的《一寸金》(州夹苍崖)用文言文进行赏析。我足足做了3个小时,按时交卷。第二场中国文学史,也是两道题。一题大意是说中国文学史经过两次文化中心转移,第一次是魏晋六朝,文化中心由南向北转移;第二次是宋元,文化中心由北向南转移。试从中国文学史实际谈谈你的理解。第二题大意是:唐代韩愈'以文为诗',宋代苏轼'以诗为词',你是如何理解的？二者对于中国文学史发展的影响如何？我又足足做了 3 个小时……"（沈家庄《初冬的缅怀》，陶然编《吴熊和教授纪念集》，浙江大学出版社，2014 年，第 138 页）

11 月 6 日，为邹志方《浙东唐诗之路》作序。

《序》曰：从时间上说，中国的山水诗起于东晋。从地域上说，中国的山水诗则起于浙东。西晋沦亡之后，南渡的中原大族纷纷定居浙东。丞相谢安就以高卧于上虞东山驰名。孙绰、王羲之、支遁、谢灵运等名流，也先后会聚浙东。他们徜徉于这个丘陵水网纵横交叉的山水胜地，不但惊异地发现了这里山川钟秀所特有的自然美，而且这种大自然蕴藏的山水美，正和当时人们回归自然、企求超越的心灵相契合。《世说新语·言语》篇记王子敬说："从山阴道上行，山川自相映发，使人应接不暇。若秋冬之际，尤难为怀。"大画家顾恺之从会稽还，人问山川之美，顾恺之说："千岩竞秀，万壑争流，草木蒙笼其上，若云兴霞蔚。"这些话历来被奉为名言，道出了诗人和艺术家们对浙东山水的共同感受。美是需要发现的，也是需要创造的。谢灵运根据自己的审美意识，将新发现的山水美融合于已臻成熟的五言诗体，从而创立了中国最早的山水诗派。谢灵运的山水诗，就是以会稽山水和永嘉山水为中心的，和后来唐代王维、孟浩然的山水诗派，有着不同的地域人文背景。

在唐代，浙东山水尤名重海内，吸引了更多的诗人或从京、洛舟车南下，或自岷、峨沿江东流，间关万里，络绎而至。在唐诗初、盛、中、晚的每个时期，镜湖、禹陵、若耶溪、越王台、剡溪、沃洲，以及会稽、四明、天姥、赤城、天台诸山，处处留下了诗人们的吟鞭游屐、棹声帆影，激发他们登览怀古、吟咏风土、宅心物外、流连忘返的种种诗情。李白年轻时初出荆门，就以剡中引入他的远游旅程："此行不为鲈鱼脍，自爱名山入剡中"（《秋入荆门》）。李白在越中所作的《越中览古》、《越女词》等名篇，无疑为浙东山水风物增色。他的《梦游天姥吟留别》还为天姥山这个道家胜地创造了富于神话气氛变幻莫测的艺术境界。杜甫把他的"吴越之游"列为早岁的壮举之一。"枕戈忆勾践，渡浙想秦皇。蒸鱼闻匕首，除道哂要章。越女天下白，鉴湖五月凉。剡溪蕴秀异，欲罢不能忘。归帆拂天姥，中岁贡旧乡……"杜甫晚年写的这首长诗《壮游》，对昔时的浙东行踪犹念念不忘，十分珍视。在李白、杜甫的吴越之作中，都没有提到位于钱塘江对岸的杭州，现代的读者或许会发生疑问。但是要知道，无论是谢灵运的时代，还是李白、杜甫的时代，越州的东南重镇地位向来胜于杭州，鉴湖的名气也远远超过杭州的西湖。可以说在白居易之前，浙东山水往往是唐代诗人游踪之所必至，而杭州的西湖之美，则尚有待于人们的逐步开发和重新认识。

古时陆行则车马，水行则舟楫。唐代诗人们来到江南，大多是坐船走水路。李白《别储邕之剡中》诗中说："舟从广陵去，水入会稽长。"即从淮甸的扬州经运河南下，渡钱塘江，从西兴进入浙东，再沿剡溪溯流而上，登上天台的石梁。有的还从临海出海，作为浙东之行的终点。这条路线，现在有人即称之为"浙东唐诗之路"。唐代诗人经过这条路线进入浙东，从初唐的宋之问开始，包括李白、杜甫等大诗人在内，总数不下四百余人。他们的浙东题咏，在唐诗中占有相当的分量。

邹志方同志热爱乡土，一直致力于弘扬乡邦文献。他编选本书，用意亦在于此。一般的唐诗选本或以人编排，或以体编排。这本选集的特点，则是按照唐代诗人通常游历浙东的路线行程编排。始于钱塘江边的西兴渡口,最后到达此行的最终目的地——天台山。这种编选方法,引人入胜,饶有兴味,读来确有"山阴道上,应接不暇"的感觉。读者借此可以按照唐代诗人的浙东行迹,寻访他们的屐痕吟踪,还可以手此一编,随着唐代诗人的一路吟行,而作快意的卧游与神游。我想,这也是本书值得称道和仿效的地方。吴熊和,1995 年 11 月 6 日于杭州大学。(邹志方《浙东唐诗之路》,浙江古籍出版社,1995 年)

11 月 13 日,赴绍兴参加纪念陆游诞生 870 周年学术研讨会。

沈家庄《初冬的缅怀》:"在我入学报到后见吴师的第一天,先生交给一个任务说:'今年 11 月中旬绍兴要举办纪念陆游诞生 870 周年学术讨论会,你是绍兴人,也去参加吧,不过得交一篇文章。'吴先生对我说这番话时很随意,显得漫不经心。然而,我却听出了话语的重量。我心中盘算,从现在到开会不到两个月,得拿出一篇像样的文章才行啊!于是我带着拟博士论文选题和做好关于陆游研究文章的双重任务,一头扎进图书馆。会议是 11 月 13 日,吴师 9 号通知我 12 号与他一道出发去绍兴参加会议,顺便说了一句'记得带上论文'。"(沈家庄《初冬的缅怀》,陶然编《吴熊和教授纪念集》,浙江大学出版社,2014 年,第 138 页)

本年,《唐宋词通论》获第一届(1995 年)全国高校人文社会科学研究优秀成果奖(中国文学)二等奖。

本年,主持夏承焘词学奖第二次评奖。从 1995 年 5 月至 1996 年 1 月,历时 9 个月,通过三轮通讯投票,从 1989 年至 1992 年四年间我国大陆 55 岁以下作者的词学研究著作中,评选出了一等奖 2 名,二等奖 10 名。一等奖为严迪昌《清词史》和王兆鹏

《宋南渡词人群体研究》。

本年,《宋词精品》(与肖瑞峰、沈松勤合作)由时代文艺出版社出版。撰《宋词精品·序》。

《序》中曰:"选录宋词,自宋人始。北宋已有《兰畹》、《聚兰》诸集。南宋编集的《乐府雅词》、《草堂诗余》、《花庵词选》、《绝妙好词》等选本,各有其文献价值。然而大都门庭未广,不足以观通变。清代的著名词选,朱彝尊《词综》备而不精,张惠言《词选》精而不备。按现代观点精选一个宋词读本,就很有必要。建国以来,有关唐宋词的选本,不下数十种,大都取精用宏,具有通识。本书从二万多首宋词中选录四百余首,历代传诵与诸家所选的名作,尽可能囊括在内。入选的名家名作,不但出类拔萃,艺术精湛,还可借此看出词在两宋各个阶段的发展脉络。附录部分,上起于唐,下迄于清,以便从中了解千年词史的大致轮廓和总体面貌。其中金词与南宋词,一行于北,一行于南,本是属于同一历史时代的作品。南宋有些选本已将宋金词合选,是个可取的做法,清词超轶元明,直逼两宋,号称词的'复兴'。叶恭绰《全清词钞》所收,已达三千余家。目前正在编纂的《全清词》,涉及词人则逾万。清词的一些大家名家,艺术成就并不逊于宋人。对于清词的研究,现正日渐开展。本书选录清词较多,希望引起读者的重视和研究兴趣。"

1996 年 63 岁

在杭州大学任教。

1 月,《〈梅里词辑〉读后——兼论梅里词派及浙西词派的形成过程》在《杭州师范学院学报》1996 年第 1 期发表。后收入《吴熊和词学论集》(杭州大学出版社,1999 年)。

《〈梅里词辑〉读后——兼论梅里词派及浙西词派的形成过程》由四部分组成。

介绍《梅里词辑》的基本情况:"《梅里词辑》,乾隆五十一年(1786)薛廷文原辑,道光九年(1829)冯登府重编。浙江图书馆藏有冯氏稿本,钤有'登府私印'、'柳圩东畔渔师'、'小长芦旧史冯氏手校'、'老去填词'、'竹垞乡亲'、'小樯李亭'、'西园小长芦之南曝书亭之北'、'柳东'、'旧史官'诸印。"

介绍《梅里词辑》收录词人词作特点,指出:"《梅里词辑》所收,上起明清之际,下迄乾隆期间。一个半世纪内,梅里一地的词人多达九十人。本书辑存的资料,足以显示这个'词人荟萃之乡'的历史风貌。但更为重要的是,《梅里词辑》还提供了浙派词的渊源所自和一个早期存在的以朱彝尊为首的梅里词人群的有力证明。因此,《梅里词辑》不但是一份难得的乡邦文献,而且对于了解浙西词派的形成及其地域人文背景,也有其重要的参考价值。"

探究梅里词派与浙西词派的关系,指出:"根据《梅里词辑》提供的丰富材料和上面的叙述,起于明末而盛于清初的梅里词人,实质上是一个梅里词派。梅里词派以朱彝尊为宗主,李良年、李符年为羽翼,前者先导,后者嗣响,东西与柳洲词派、西陵词派相揖让,在清初东南词坛,后来居上,遂被奉为浙西词派之大宗。梅里词派与浙西词派这两个名称,涵盖面有所不同。然而可以有分有合,这两个名称并存而不悖。

通过比较研究,分析《梅里词辑》收录词人词作方面的不足,指出:"《柳洲词选》一书,举柳洲以概嘉善一县。《西陵词选》一书,举西陵以概杭州一郡。《梅里词辑》则不然,专选梅里一镇之词,并不尽概嘉兴。这是《梅里词辑》的一个特色。但是随即感到有所不足。例如为梅里词派溯源,不能仅止于王翃、王庭数人,首先应该提到的还有曹溶……曹溶所居倦圃,在嘉兴南一里范蠡湖畔,饶有园林之胜,距梅里并不远,就因为他不是出于梅里,《梅里词辑》遂不登其只字,这不能不是个遗憾。"

1月,《张先集编年校注》(与沈松勤合著)由浙江古籍出版社出版。撰写《前言》。

《前言》曰:"本书将张先的诗词合编在一起(包括一佚文残篇),并加以编年笺释。张先词集有多种版本。宋陈振孙《直斋书录解题》著录《张子野词》一卷,为长沙刘氏书坊所刻《百家词》之一。明吴讷《唐宋名贤百家词》有《张子野词》一卷,天津图书馆藏有传钞本。清康熙二十八年(1689),无锡侯文灿于毛晋《宋六十名家词》外,刻《名家词集》十种,内《子野词》一卷,凡一百六十九阕,为现存张先词集的最早刻本。《四库全书·词曲类》收葛鸣阳辑《安陆集》,凡诗八首,词六十八首,甚不完备。乾隆时鲍廷博得绿斐轩钞本《张子野词》二卷,词一百零六阕,鲍廷博跋谓此本'区分宫调,犹属宋时编次'(叶恭绰藏有绿斐轩所刊《词林要韵》,中缝悉写绍兴二年刊)。鲍廷博复据《名家词集》本及宋时各种选本,辑为补遗二卷,共一百八十四阕,刻于《知不足斋丛书》。赵万里《校辑宋金元人词》又从《永乐大典》辑得二阕。《彊村丛书》所收,即鲍氏知不足斋本,唯删其补遗误入之秦观、晏几道、李之仪等词九首。本书即以《彊村丛书》本为底本,校以明吴讷本、清侯文灿本,以及《乐府雅词》、《花庵词选》、《草堂诗余》、《阳春白雪》、《花草粹编》诸宋明选本。其中互见于《阳春集》及晏殊、欧阳修诸词集者,是宋初词集中常见的现象,可两存以资考证。显系误入的温庭筠、晏几道、秦观诸词,则依《全宋词》例,概予删除,计存一百七十九首。苏轼《东坡乐府》有《江城子》、《南乡子》二词与张先同赋,张先词今无其题,盖尚有散佚者。本书的编年与笺释,容有失误,幸读者教之。吴熊和,一九九五年一月于杭州大学。"

可先《书评》:"张先是北宋时期著名的词人,是宋词兴盛局面的开创者之一。他的词是维系唐五代和北宋词之间的纽带。同时,他诗词兼擅,著名诗人苏舜钦、梅尧臣、王安石、蔡襄、苏轼等都与他相酬唱。张先曾有诗二十卷,但因其诗名为所掩,大半亡佚。后人所编其集,大抵以词为主。精校详注之诗词合集则极为罕见。最近,吴熊和、沈松勤先生编写的《张先集编年校注》(浙江古籍出版社 1996 年版),堪称张先诗词整理研究的集成之作。该书在吸取最新研究成果、选择底本、收罗众本、辑逸校勘、排比考订、注疏阐述等方面,都严格遵守学术规范,体现了较高的学术追求与品位。"(可先《吴熊和、沈松勤校注〈张先集编年校注〉》,刘杨忠、王兆鹏、刘尊明主编《词学研究年鉴 1995—1996》,武汉出版社,2000 年,第 188—189 页)

5 月,指导张兴武完成博士论文《五代作家的人格与诗格》的写作,指导徐枫完成博士论文《嘉道年间的常州词派》的写作,指导赵允卿(韩国)完成博士论文《周邦彦〈清真词〉研究》的写作;并举行博士论文答辩。答辩委员会主席为严迪昌教授,成员为吴熊和、杨海明、吴战垒、陈铭、肖瑞峰等教授。

9 月,招收胡可先、陶然为博士研究生。

胡可先《受益惟谦,有容乃大》:"我第一次拜见吴熊和先生,是 1996 年 4 月来杭州报考博士生的时候。吴先生问我为什么要报考博士生,况且是江苏人,江苏高校林立,名师众多,为何没有报考江苏高校的博士生。我回答说以前一直从事唐代文史的考证,对于理论研究甚为隔膜,加以没有读过硕士,知识结构不免偏枯,攻博的主要目的是为了完善知识结构,并且想在宋代文学方面加以努力,以扩大自己的研究范围,而吴先生是我心目中能兼文献考订与理论研究二者之长的著名学者,故而决定报考先生的博士生。"(胡可先《受益惟谦,有容乃大》,陶然编《吴熊和教授纪念集》,浙江大学出版社,2014年,第140页)

10月,《词学大辞典》(与马兴荣、曹济平合著)由浙江教育出版社出版。

齐森华《在吴熊和教授追思会上的发言》:"后来马兴荣先生受出版社之约主编《中国词学大辞典》,吴先生又积极参与,也花去他很多精力。尽管吴先生有很多自己的研究计划,但只要是老师发出的召唤,他都全心全力地参加,而且甘当配角。"(齐森华《在吴熊和教授追思会上的发言》,陶然编《吴熊和教授纪念集》,浙江大学出版社,2014年,第55页)

郑广宣《三十年,师恩如山》:"我根据当时的出版现状,提出了《中国词学大辞典》、《中国诗学大辞典》、《中国曲学大辞典》的选题设想,并请吴老师担任"词学大辞典"的主编,但吴老师觉得这是一项词学研究领域的大工程,应该请这个领域有较高声誉的学者一起参与,他建议我邀请词学研究者相对比较集中的江浙沪三地,包括华东师大、南京师大、南京大学、苏州大学、杭州大学的学者共同参与其事,并且推举最年长的华东师大马兴荣教授为第一主编,而他自己则为第二主编。吴老师总是这样,团结学者同道,尽可能保证图书的质量和学术代表性,但在名利上他却从不计较。"(郑广宣《三十年,师恩如山》,陶然编《吴熊和教授纪念集》,浙江大学出版社,2014年,第118页)

10月,为李剑亮《唐宋词与唐宋歌妓制度》一书作序。

《序》中曰:"长期以来,由于观念拘囿,唐宋词与歌妓的关系，一直未予充分关注，缺乏全面系统的探讨，致使词学领域中存在着不少疑点、难点和空白点。李剑亮同志以敏锐的学术眼光，围绕词与歌妓的关系展开多方面的研究，业已取得初步成果。作者广泛占有材料，从大量事实出发，解答了本论题中的一系列应有之义。诸如歌妓在词乐结合中的中介作用，词人与歌妓的交往，歌妓与词的创作、传播及其风格特征等问题，除了进行详实的论析，还提出一些创造性的见解。举例来说，过去人们只从传统道德观和伦理观来观照词人与歌妓的交往，视其为批判的对象；对那些与歌妓交往密切的词人如温庭筠、柳永等往往不问青红皂白地冠之以'无行文人'、'浪子词人'之名。李剑亮同志则以实事求是的态度，依据文献史料，全面考察词人与歌妓交往的方式、内容、性质和作用，揭示了这一现象的文化意义和文学价值。又如，词的风格特征及其成因，过去很少考虑词作为音乐文艺所特有的娱乐功能与交际功能，很少考虑作为词人合作者和词作演唱者、传播者的歌妓的作用。这是仅仅把词视为一种书面文学的传统的缺憾。李剑亮同志既遵循文学风格的一般形成规律，更从唐宋词的自身实际出发，认为导致词风长期保持"婉约"本色的原因，也与歌妓有着密不可分的关系。词人无疑是词的'创作主体'，但在许多词作中，'创作主体'、'接受主体'和'传播主体'三者往往结合在一起，出现了所谓的'主体转移'特殊现象，词的情感内涵、语言色彩力求符合歌妓的身份、口吻、情趣和心理，因而词的艺术风格就极其自然地趋向婉约。这对于作为音乐文艺的唐宋词来说，是一普遍现象。这一结论，对于研究词体、词风来说，是富有启发性的。"（吴熊和《序》，李剑亮《唐宋词与唐宋歌妓制度》，杭州大学出版社 1999 年 5 月，第 1 页）

11 月，接黄文吉《北宋十大词家研究》。

1997年　64岁

在杭州大学任教。

2月,被浙江教育出版社聘为《王国维全集》学术顾问,在浙江萧山参加《王国维全集》编委会会议。与会者有王元化、傅璇琮、李学勤、徐中玉、周逸麟、陈得芝、吴浩坤、刘寅生、吴战垒、谢维扬、房鑫亮、庄辉明、邬国义、胡逢祥、曹锦炎等。(浙江教育出版社《王国维全集》编委会纪要)

5月,指导谷辉之完成博士论文《西陵词派研究》的写作,指导方勇完成博士论文《南宋遗民诗人群体研究》的写作,指导萧庆伟完成博士论文《北宋党争与文学》的写作,指导金一平完成博士论文《柳州词派》的写作,并举行博士论文答辩。答辩委员会主席为严迪昌教授,成员为吴熊和、王兆鹏、陆坚、肖瑞峰、吴战垒、陈铭等教授。

5月,《唐宋词一百首今译》(与徐枫、陶然合作)由上海古籍出版社出版。撰写《唐宋词一百首今译·序》。

《序》中曰:"本书选录唐宋词一百三十余首,唐宋词各个时期的名家名作,大都已荟萃于此。选词贵在精当。清代张惠言的《词选》,周济的《词辨》,都是著名的唐宋词选本。前者选词一百十六首,后者选词九十四首,都以独具慧眼、抉择精严著称,因而被奉为圭臬,流行甚广。但是常州词派以比兴论词,重在寄托,本书的目的,则在于反映唐宋词的高度文学成就及其总体风貌,同时展现唐宋词各个发展阶段的嬗变轨迹,其间取舍,与前人自然有所不同。"

6月,《存世清词知见书目汇编》(与严迪昌、林玫仪合著)由台湾"中研院"文哲研究所出版。与严迪昌先生合撰《前言》。

《前言》曰：清词超轶元明，直逼两宋，素有"中兴"之誉。即以传世词集言，终爱新觉罗氏一朝二百八十年间，刊刻之籍固至多，钞本稿本亦蔚然可观。其盛况均为词史所罕见。惜者迄今无有专书汇其全目，是而存佚莫问，海内外治清词者，每多涯涘难窥，求索为难之叹。昔时叶恭绰先生《全清词钞》录顺、康至光、宣词人都三千余家，然各家词别集见载于小传者，十之三四乃转引自文献著录，并非经眼传本。至于稀见珍本，失登于叶氏之《词钞》者，遗珠甚多。近年王国昭氏《现存清词别集汇目》，规模稍具而搜讨尚俭，实缘两岸隔绝时久，限于一隅之憾也。

今海峡两岸学人，合作编纂《清词别集知见目录汇编》，诚攸关词学研究深广开拓与清代文献及时普查之盛事。《目录汇编》旨在罗网见存于世之清词别集，以大陆为主，兼及台、港、海外庋藏，计得清人别集二千余家，列以不同版本，则累积将可数倍。知见之目编成，续后固可分纂《清词别集稿本钞本汇目》、《稀见清词别集知见目》、叶氏《全清词钞未收书目》等，清词总集、选集之合目亦得能编辑。至若《清词别集提要》、《清代词人传录》、汇纂《清词序跋全编》，以及流派研究、名家研究，则莫不赖此而渐次得以有成。

大陆馆藏清人词集数量浩繁，叹为观止。唯清词之集，散存南北，遍布四隅，毋论通都大邑抑僻地边县，随处可见。刿"词乃小道"成见固未尽荄，清词尤向不为人见重，是以散处民间者亦复不少，各地大小馆藏亦颇有未予制目庋架而冷卧库底者。故私家所藏之本不易遍览，公众馆库亦难称搜检周全。虽然，存世之清词别集，本《目录汇编》大抵已得其十九则断可自信，非徒以"全"与"不全"乃相对而言之说为自饰也。

《目录汇编》事肇始于一九九三年夏，其间遍访沪、宁、杭、苏，直至京津地区、东北三省。或亲访，或由助手采录，或委请友朋代劳。大陆馆藏词籍，以北京图书馆、上海图书馆、浙江图书馆、南京图书馆等称渊薮；中国社科院及北京大学、北京师范大学、复旦大学、杭州大学亦庋藏甚富，是故所得最丰。

清人词集，林林总总，学者循此《目录汇编》得以备览一代词事之盛，或得能索引其所需，则编辑者深有幸焉。一九九七年六月。

《存世清词知见书目汇编·述例》曰："本书著录方式依词名、卷数、作者、版本项及出处为序，版本相同者则予合并，唯是清词版本极为繁复，各家著录也颇不一致，若不核对原书，往往不能定其同异，如姚诗雅所撰《景石斋词略》，各馆著录，或作'光绪七年富文斋刊本'，或作'光绪七年羊城刻本'，亦有作'光绪十二年学海堂丛刻本'者，实则此书收入《学海堂丛刻》中，此丛刻梓于光绪三年至十二年，牌记则有光绪七年字样，而末页又署'羊城内西湖街富文斋承印'，是故三者实同。再者，诗词曲颇有混同之例，如金凤锵《悼亡词》、经半园《韵麋词》皆为诗；都散客《芳茹园乐府》、石韫玉《花间乐府》皆为曲；冯培《鹤半巢词馆剩稿》二卷则为文；朱彦臣《片玉山庄词略》一卷乃词话，席存本《春雨楼诗词存钞》二卷亦为诗话、词话；又如央图《壮年听雨词人稿》及《梦西湖词》二书，前者无词，后者则为绝句 100 首。类此皆无法单凭目录而定。甚至原书目录亦有不可径信者，如尤侗《西堂全集》，目录云词六卷，实则第六卷为曲；张应昌《烟波渔唱》，目录谓词四卷，实则第四卷亦为曲。凡此情形，若不查原书，焉能发现其中异同？此外，同一部书各馆所藏卷帙往往有多寡之别，如乾隆三十一年重刻宋琬《安雅堂全集》中有《二乡亭词》三卷,乾隆八年刊彭孙遹《松桂堂全集》有《延露词》三卷,史语所有此二书,却无词;高士奇撰康熙刻本《清吟堂全集》有《竹窗词》及《蔬香词》各一卷,石韫玉《独学斋全稿》中有《花韵庵诗余》一卷,《微波词》四卷,台大亦有此二书,唯独缺词。此等情形,若不实地查对,仅按卷目推求,未免误导读者。因此,本书编纂过程中,花费甚多时间以查对原书,核对其版本同异。全书6000余条资料中,经玫仪核对过者在2000条以上,此为本书之特色所在。"

9月,作为访问学人赴台湾"中研院"文哲研究所访问。提交论文三篇,分别是《〈柳洲词选〉与柳洲词派》、《〈西陵词选〉与西陵词派》、《〈梅里词辑〉与浙西词派的形成过程》。后收录在《吴熊和词学论集》,杭州大学出版社1999年出版。

《〈柳洲词选〉与柳洲词派》一文由五部分组成。

第一部分,清词之盛,肇于明末。认为明末词坛转盛,主要表现为以下几点:(一)词人辈出,词派纷呈;(二)词集大量刊行;(三)编订词谱;(四)编定词韵;(五)撰述词论词话。

第二部分,《柳洲词选》与柳洲词人名录。考证"《柳洲词选》收嘉善词人一百五十九家,词五百三十七首。卷一卷二小令,一百二十二首。卷三卷四中调,一百七十二首。卷五卷六长调,一百四十三首。北京图书馆藏本,卷首卷二目录之前,已经残缺。所缺除卷一目录外,卷首序引、凡例亦无可考。且另无别本可校补,未免遗憾。《柳洲词选》于目录后,有所选词人的姓氏录。姓氏录分两部,前者为'先正遗稿姓氏',名下都有小传,此书编集时皆已作古。后者为'名公近社姓氏',名下注字,而无小传,编集时尚在人世。故前者为明人,后者则由明入清,亦历数代。"

第三部分,柳洲词派的构成与家族背景。认为其构成与家族背景有以下特点:(一)多明廷名臣与明末死节之士;(二)多复社成员;(三)多出于当地望族,一门数代,风雅相继;(四)入清后,或隐或仕,出现分化。

第四部分,曹尔堪为清初柳洲词坛主盟。认为"柳洲词人百余,词风各有所偏,但无论柳洲'先正'或'近社名公',可以广泛听到这种清越之风的回响,曹尔堪则是此中翘楚。湖上唱和、广陵唱和、秋水轩唱和,是清初词坛三次重要的唱和活动。三次唱和都以曹尔堪为首,这一点也绝非偶然,也可以说是柳洲的清越词风,在清初南北词坛的震荡。"

第五部分,柳洲词派的归宿。认为"柳洲词派于康熙中归入浙西词派"。

《〈西陵词选〉与西陵词派》一文由四部分组成。

第一部分,清初郡邑词选接踵而起。认为"编辑郡邑词选与汇刻郡邑词集,是清初出现的一种新风气。研究明清之际的词派,不能光靠若干名家专集。这些词派往往百十成群,藏龙卧虎,然而或仅吉光片羽,并非人各有集。存人存词的责任,便由嗣后的郡邑词选承当起来。一部完备的郡邑词选,就是跨越明清两代、历时数十年的一个郡邑词派的结集,包括中期结集或最终结集。郡邑词集的汇刻,始自清初,直至清末民初,犹此风未戢。词集的命运,散刻则易佚,汇刻则易存。因此词集汇刻,就保存文献而言,历来受到重视。"

第二部分,《西陵词选》的编选特色。认为:"西陵操选政者,所论如出一辙。这首先是西陵词派门径甚宽,人自为体,在同样的时代风尚下,比之其他词派显示出多样化的格局。"

第三部分,西陵词人的命运。指出:"西陵词人百余,并不属于一代人。上起明末的天启、崇祯，下迄康熙前二十年，其间凡历三代。第一代是词坛耆宿。徐士俊作词最早，在明末清初尤开创风气的倡导之功。他和朱一是、陈之遴、徐之瑞、沈捷、关键、曹元方、陆嘉淑、胡介等，入清后都以遗民自居，甚受敬重。其中朱一是、陆嘉淑、胡介、张竞光等，《西陵词选》编集时已成鬼录。第二代以'西陵十子'为主。十子中，沈谦、毛先舒、张纲孙、丁澎，不但各有词集，而且门下甚众，其弟子多以词曲名家。然《西陵词选》编集之前，沈谦、柴绍炳、吴百朋亦相继而卒。第三代为各有传承的词坛新进，大都是'西陵十子'的门人或子弟。潘云赤、沈丰垣、俞士彪、张台柱、王昇、王绍曾、唐弘基、洪昇是沈谦门人，称'东江八子'。陆进亦从徐士俊、毛先舒、沈谦学词，见《巢青阁词·自序》。洪昇又与柴震、聂鼎元为毛先舒门人。陆曾绍、陆曾禹为张纲孙门人。陆寅为陆圻子。丁滢为丁澎弟。张振孙为张纲孙弟。沈圣昭为沈谦长子。主要以师门传授组成了第三代的西陵词人群。"

第四部分，关于西陵词派背景的若干补充。补充的内容有（一）清初在西陵出现的是全面复兴态势；（二）与云间词派交往甚密，但不是云间支派；（三）精于音韵，兼于词曲。

《〈梅里词辑〉与浙西词派的形成过程》内容参见本书1996年相关条目。

林玫仪《怀念吴熊和先生》："1997年9月9日至21日，他受邀来文哲所访问，在本所作专题演讲，又发表了《〈柳州词选〉与柳州词派》、《〈西陵词选〉与西陵词派》二文。三者（剑亮按：指这两文以及《梅里词辑》读后——兼论梅里词派及浙西词派的形成过程》一文）皆为研究清初词学流派之先河，都是他在细读三书之后，深入有得之语，对混沌一片的清初词坛研究指出了一条明路。其后他又指导学生分别完成有关云间、梅里、柳州、西陵、常州等地词坛、词派以及清词话等之博士论文，加上他协助编印清词书目，提供善本影印流传等，他对清代词学之开展，厥功甚伟。我们一般谈到清词研究，都会注意到严迪昌先生之《清词史》及南京大学《全清词》之编纂，此二者诚然是清词研究之重要基石，然而吴熊和先生在推动清词研究方面之贡献，也十分值得重视。"（林玫仪《怀念吴熊和先生》，陶然编《吴熊和教授纪念集》，浙江大学出版社，2014年，第71页）

朱惠国《在吴熊和教授追思会上的发言》："我个人认为吴先生提出环太湖领域的概念，其实是非常重要的概念。其实词作为一个有南方特征的文学，这在唐先生的《两宋词人占籍考》里也是有数据支撑的。吴先生结合了明清之际尤其是清代的大量材料，创造性地提出了这个概念，我觉得他实际上对清词的地域性特点揭示得非常清楚，我认为一定程度上是领引了清词研究的方向，这个问题自从吴先生提出来以后，大家一下子就清晰了。以后吴先生在自己的研究中，包括研究生的选题规划当中都体现了这一点，他的学生的著作如《柳州词派研究》、《西陵词派研究》等，实际上都体现了吴先生的学术思想。"（朱惠国《在吴熊和教授追思会上的发言》，陶然编《吴熊和教授纪念集》，浙江大学出版社，2014年，第60页）

费君清、叶岗《埋头尚识，举目常新——吴熊和先生学术印象之点滴》："在海峡两岸发表多篇有关明清之际词派研究的论文，如《〈柳州词选〉与柳州词派》、《〈西陵词选〉与西陵词派》、《〈梅里词辑〉与浙西词派的形成过程》。这些领风气之先的文章,以明清之际江南一带郡邑词的总集和选集为基本考察点,返回到这些词派之所以形成的初始历史场景,全面地揭示了明末清初江南以浙西词派为中心的各家词派的形成、汇合、词人、词作、词籍的复杂情况。更值得注意的是,吴先生在文中还就明末词与清初词之间的关系、清初郡邑词结集的情况,清代词派研究的特殊性等问题,作了深刻的论述,资鉴于后学者。"(费君清、叶岗《埋头尚识,举目常新——吴熊和先生学术印象之点滴》,沈松勤编《庆贺吴熊和教授从教五十周年论文集》,浙江大学出版社,2008 年,第 26 页)

9 月,接张高评《宋诗之新变与代雄》。

本年,参与主编的《夏承焘集》由浙江古籍出版社出版。

吴战垒《〈夏承焘集〉前言》:"(夏承焘)先生治学勤奋,著作甚丰,已出版者二十多种,遗作尚待整理者,数量亦不少。这次编辑《夏承焘集》,由吴熊和、吴战垒、吴常云主编,吴战垒负责具体编辑工作。"(吴战垒《〈夏承焘集〉前言》,《夏承焘集》,浙江古籍出版社,1997 年)

1998 年　65 岁

在浙江大学中文系任教。

被中共浙江省委教育工委授予中国共产党优秀党员称号。

1 月起,任《文学遗产》通讯编委。

4 月 27 日,与中国社会科学研究院研究员杨成凯先生、弟子李剑亮以及中国美术学院一教师共四人,赴平湖葛渭君先生家参访葛先生并观其藏书。

当时,杨成凯先生为辽宁教育出版社《新世纪万有文库》组稿。此次参访后,葛渭君先生收藏的《片玉词》、《山中白云词》等被列入《新世纪万有文库》第5辑,于2001年出版。

6月,指导沈松勤完成博士论文《北宋党争与文学》的写作,指导沈家庄完成博士论文《宋词的文化定位》的写作,并举行论文答辩。答辩委员会主席为严迪昌教授,成员为吴熊和、王兆鹏、陈铭、肖瑞峰等教授。

9月,杭州大学与浙江农业大学、浙江医科大学、浙江大学合并,组建成新的浙江大学。

9月,招收吴蓓为博士研究生。

9月,获浙江省任教三十年教师荣誉证书。

1999 年　　66 岁

在浙江大学任教。

1月,指导费君清完成博士论文《江湖派考论》的写作,并举行论文答辩。答辩委员会主席为王水照教授,成员为吴熊和、蔡义江、严迪昌、陈铭、陆坚、肖瑞峰等教授。

4月,《吴熊和词学论集》由杭州大学出版社出版。

《论集》收录篇目如下:

《唐宋词调的演变》

《选声择调与词调声情》

《高丽唐乐与北宋词曲》

　　附录:《〈高丽史·乐志〉所载北宋词曲》

《两宋词论述略》

《关于铜阳居士〈复雅歌词序〉》

《宋季三家词法》

《宋人选宋词十种跋》

　　一、孔夷《兰畹曲集》跋

《〈词学全书〉校点序》

《〈唐五代词三百首〉序》

《〈宋词精品〉序》

《〈唐宋诗词评析词典〉序》

《〈唐宋词一百首今译〉序》

《〈唐诗三百首续编〉序》

《宏观的中介》

《〈柳州词选〉与柳州词派——明清之际词派研究之一》

《〈西陵词选〉与西陵词派——明清之际词派研究之二》

《〈梅里词辑〉与浙西词派的形成过程——明清之际词派研究之三》

《后记》

其中《后记》曰：词学初起时，本属诗学的一支。嗣后疆途日辟，门类日繁，遂与诗学离合摩荡，成为一种自具特色、自成体系的专门之学。本世纪的词学，由于夏承焘、唐圭璋、任二北诸大师硕学的参与奠基与毕生倡导，因而愈益昌盛，为世所重。承继与推进历代词学之长，并汇入当代的学术潮流，无疑是今后词学长期追寻的目标。

然而词学并不是个自我封闭的体系。词学不但要与诗学彼此补益，相互参照，联手共事；同时还要不断从其他相关学科，尤其是史学（包括音乐史、文化史）中取得滋养和帮助。宋词上承唐诗而旁通宋诗，两宋作家往往诗、文、词三者兼擅，并出一手。治宋词若知其一不知其二，必然左支右绌，顾此失彼，难以弘通。唐宋词又与唐宋诗一样，皆有盛有衰，然而盛衰的原因，亦各有异。探寻词的起源与词曲繁衍的背景，就不能撇开词乐、词调以及当时的歌妓制度等一系列问题，因而有必要仰赖于音乐史、文化史所能提供的研究成果。宋元之际词的衰落与曲的兴起，也与当时音乐重心的转移有关，背后有着后世难以捉摸的音乐之手的牵动。要是仅从几个词人曲家的更替着眼，显然不够。这些都是诗学或许无须旁骛而词学则一直视为本分的事。多年之前，承傅璇琮先生雅意，约我编撰《唐宋词史料学》一书。搜集资料，费时不少。但开头写"词乐"这一章时，就感到宋乐与唐乐之别，一时难以理清头绪，然而这对了解宋词的创作与演唱来说，却是相当重要的，便终于搁置下来。

新时期的词学，要有更大的开拓与创新，首先是理论上与方法上的开拓与创新。但与此同时，也需要对历代词学作出认真总结，开展一些具备规模、集其大成的基础性研究，两者相辅相成，相得益彰。夏承焘先生曾经计划写一部包罗甚广的《词学考》，为自宋迄今的历代词学作出全面回顾与科学总结，在此基础上，分别撰写《词学史》、《词学志》、《词学典》、《词学谱表》等多种著作。夏先生的《天风阁学词日记》中，记载了当时为《词学考》之一的《词乐考》所拟的纲目，包括源流考、乐器考、制曲考、大晟乐府考、乐工歌妓考、谱字考、词谱考等重要内容。它们就属于既有规模又有深度的词学基础研究。由于历史原因，上述计划在夏先生生前未及实现，不胜惋惜。但是在新时期，进行这类基础研究的主客观条件，业已齐备。做好这些基础研究，除了有助于学术积累，还可以帮助一些年轻学者从高处起步，避免学养不足带来的缺失和课题的低水平重复，提高当前词学研究的总体水平。

我的宿愿，也是想为词学做些扎实有用的打基础的工作。不过收在本书中的各篇，自嫌涓滴细流，或许无关宏旨。目前，我和几位年轻的同志正在合力编撰《全宋词人名地名作年考（暂名)》及《两宋词汇评》，搜辑所及和考订所得，自谓寸积铢累，尚多可采，权且为今代词学的巍巍基石补苴罅漏。另外，近年与苏州严迪昌先生、台湾林玫仪先生合作完成了《存世清词别集知见书目汇编》。多谢友朋赐助，借此有幸获睹了向来难得一见的若干清词善本，引发了对清词的浓厚兴趣。本书中关于明清词派的三篇，就是这样写成的。谈到明清之际词派，当然首先应从陈子龙等人的云间词派入手。然明刻陈子龙、李雯、宋徵舆三人合集《幽兰草》，于国内各大图书馆访求殆遍，皆无藏本，意谓不复尚存于天壤间。不久前几经辗转，从沪上一位前辈藏书家处得到原刻本的复印本，不禁惊喜不已。关于云间词派的一篇，日后可以从容补写了。

费君清、叶岗《埋头尚识，举目常新——吴熊和先生学术印象之点滴》："在《吴熊和词学论集》中收录了为著者所珍重的《宏观的中介》一文。此文作于20世纪80年代，其时学界力倡宏观研究并形成一时的热潮，但也出现了不少空疏之论。对此，吴先生认为尽管当代的古典文学研究不能再满足于考订笺释的传统方法，但'目前谈宏观研究，只能说尚处于准备阶段，包括材料上的准备和理论、方法上的准备'。从古典文学研究的实际出发，多层次、多方位地进行一些'既有学术根底，又有时代眼光的专题研究'，实是宏观研究的中介之所在，它有助于学术积累和增进宏观研究的成熟性。"（费君清、叶岗《埋头尚识，举目常新——吴熊和先生学术印象之点滴》，沈松勤编《庆贺吴熊和教授从教五十周年论文集》，浙江大学出版社，2008年，第23页）

5月，指导胡可先完成博士论文《永贞革新与中唐后期文学》的写作，指导陶然完成博士论文《元词研究》的写作，并举行论文答辩。答辩委员会主席为严迪昌教授,成员为吴熊和、陈铭、吴战垒、陆坚、肖瑞峰、费君清等教授。

7月,赴美探亲。

9月,《周邦彦琐考》在《历史文献研究》第18辑发表。

9月,招收李越深、谭新红为博士研究生。

李越深《怀念恩师吴熊和先生》:"90年代末,告别学生生活十几年之后,我又一次忝列吴先生门墙,攻读博士学位。入学考试后不久,即知先生罹患重疾,而且此后竟又患多种重疾。尽管如此,先生仍忍着病痛,带出好几位博士生。我读博时,吴先生已将自己的学术重点拓展至明末清初词学,发表了一系列有关论文。在他的指导下,我和多位同门的博士学位论文选题都设定于明末清初词,其中好几个选题都具有首创意义。"(李越深《怀念恩师吴熊和先生》,陶然编《吴熊和教授纪念集》,浙江大学出版社,2014年,第153页)

谭新红《深切怀念恩师吴熊和先生》:"先生一共培养了十八位博士,据我所知,这些博士生的毕业论文题目多由先生所出。而对这些题目,先生均已有深入的思考。先生将这些题目、思想毫无保留地奉献出来,由学生去完成这些项目并独自享用这些成果,先生则始终只是幕后英雄。"(谭新红《深切怀念恩师吴熊和先生》,陶然编《吴熊和教授纪念集》,浙江大学出版社,2014年,第147页)

12月,接马兴荣《龙洲词校笺》。

2000年　67岁

在浙江大学任教。

2月,招收钱建状、黄杰为博士研究生。

钱建状《如是我闻》:"他要我先读书,然后自己定博士论文的选题。以后的一个多学期,每隔一二周,我做的工作是交读书报告,谈自己的选题。先前预设的七个题目,先生都谈了自己的看法,但始终不明确建议我做哪一个题目。学期结束前,我内心基本倾向以'宋南渡词坛'为主要研究对象,但一落实具体题目时,先生总让我再想想看。等到第二学期,我将《建炎以来系年要录》《三朝北盟会编》等关于南渡时期的基本史料和一些南渡时期的宋人别集读完后,题目才最后定下来。……直到开题以后,先生才明确告诉我:'关于宋南渡时期的文学,前人已做了大量考证性的基础工作,但这些成果尚未真正应用到文学本体的研究当中。并且,20世纪80年代以来,从文化的视角切入中国古代文学研究,给学术带来了转机。这一趋势,至今尚未过时。'恍兮惚兮,我终于有所悟了。"(钱建状《如是我闻》,陶然编《吴熊和教授纪念集》,浙江大学出版社,2014年,第150页)

黄杰《君子温润如玉,金粟相好庄严》:"二十二年前,我来杭大参加研究生复试,第一眼见到您,您正立于办公室的南窗之下,暮春三月的朝阳,纷披于您伟岸的身躯,年近花甲的您,华发红颜,慈祥睿智,如弥勒庄严相好。"(黄杰《君子温润如玉,金粟相好庄严》,陶然编《吴熊和教授纪念集》,浙江大学出版社,2014年,第151页)

3月,主编之《绝妙宋词》由时代文艺出版社出版。吴熊和先生撰写"前言"曰:

词在唐代兴起以后,走上了与诗(包括五、七言古、近体诗)并行发展的道路,一跃而为中国诗歌的两种主要体式之一。词与诗互济互补,共存共荣,各擅胜场。中国诗歌也就由此分为词与诗两大支,两者齐镳并进,但又保持彼此不同的体制和特色,形成各自独立的传统和发展轨迹。词在中国有着千余年的历史。唐五代为词的初盛时期,宋代为词的极盛时期,元、明两代绵延不绝,到了清代则词又复盛,余波嗣响,至今未歇。宋词尤独擅一代之胜,与唐诗、元曲鼎足而立,代表了宋代文学的主要成就。宋诗、宋文与之相比,固然也并无愧色,但仍不能不推宋词为一代绝诣。

从本质上说,词与诗同属于抒情诗体。但历来论者不是强调诗词相同的一面,而是强调诗词相异的一面,突出两者在体制、题材、风格、语言、尤其是内在质性上的差别,把诗词各自的艺术领域分得相当清楚。

词在唐五代时称为"曲子"或"曲子词",依照乐曲的曲拍而采用长短句,主要用于应歌,本是随同隋唐燕乐的流行而兴起的一种音乐文艺,兼有入乐歌辞与新型抒情诗体的两重性质。词以词调为载体。唐宋两代所用的词调,总数在八百至一千之间。这近千个词调,各有不同的句式、韵律,以及风度声响,绝不相侔。作词需要"按谱填词"。作词所用的谱,有曲谱与词谱之分。曲谱是歌曲谱,是乐曲的音乐形式;词谱则是声调谱,是乐曲的文字形式。凡是"按谱填词"的,当时大都可以入乐歌唱。演唱者多为乐工伶人,主要是公私宴集上擅长歌舞以佐清欢的歌妓,通常以琵琶、笛子、笙箫、觱篥、拍板、小鼓等乐器(以其中一至二种乐器为主)伴奏。这些入乐的词,或"声重于词",或"词重于声",其艺术作用是多重性的,并不限于单一。除了它们本身的文学功能,演唱时还具有音乐功能,娱乐功能,甚至社交功能。不过,唐宋词人的创作,并非概以入乐备唱为目的。就唐宋词的多数作品而言,它们是仅有词调而没有音乐的乐章;音乐消失了,然而留下各种文字韵律的词调作为音乐的印记。在唐宋时代原有的乐谱、歌法一概失传之后,情况就更为如此。

合乐与否,固然是"词之所以为词"的一个突出标志,然而却不是唯一的标志。宋词愈到后来,它的音乐性就消失愈多。词同诗一样,具有独立的文学生命与文学价值。词与音乐作伴同行,但词决不是依附于音乐而存在。从根本上说,唐宋词与燕乐之间的某种亲缘关系,对于词体的形成是重要的;但词所拥有的独特的表现领域、艺术手段、美学规范和审美价值,对于词的文学生命来说,则是更为重要的。词的这种质性,不是出于音乐的赐予,而是由中国诗歌的发展规律所决定的,也是词在长期演进中依靠自身经验与艺术积累不断地丰实完善的。它们才是唐宋词迭经变更而又历久常新的艺术基础和珍贵传统。历代作家对于诗、词两体,往往工拙不齐,独善者多,同能者少,这当然与作家本人的气质才性有关,但更与诗词异体及作家对它们的不同体认有关。

由于词是中国的一种特殊诗体,外语中还没有恰当的传译。英文或译为 Ci 与 Ci、Poetry(词、诗),或译为 Song(歌曲),或译为 Lyric Meters(抒情韵律),或译为 Lengthmeters(长短韵律),似乎都取其一端,未能包容圆该。

5 月,为胡可先《中唐政治与文学:以永贞革新为研究中心》作序。

《序》中曰:九世纪初的"永贞革新",可以说是两个半世纪之后"熙丰变法"的一次小型彩排或预演。"永贞革新"势孤力弱,匆匆收场。然而历史并不就此沉寂下来。以"永贞革新"为开端,自中唐至于北宋,力图新变就像一股潮流,一浪高于一浪地向前涌动。"庆历新政"和"熙丰变法"就是展现了更多革新内容的后续篇章。

在唐宋两代的变革浪潮中,通过科举制度进入朝廷的文人,怀着图变图强的共识凝聚汇集起来,形成了一种独特的政治力量,并为专制政体下实行某种温和改革注入了新的推动力。以"永贞革新"的核心人物"二王八司马"来说,唐顺宗李诵因病深居幕后,王叔文、王伾以东宫旧人出入宫廷,朝中革新失败后同日被贬的"八司马",就大都是贞元期间擢拔的新进士。柳宗元登第时才21岁,参与"永贞革新"亦仅33岁。韩愈说柳宗元入朝后,"俊杰廉悍,议论证据今古,出入经史百子,踔厉风发,率常屈其座人,名声大振,一时皆慕与之交"。刘禹锡与柳宗元为同榜进士,年长一岁。他后来与韩泰回忆"永贞革新"时期群英荟萃、才高气盛的情况:"昔年意气结群英,几度朝回一字行。"反映了当时这些年轻改革家凌厉无前的风概。

柳宗元、刘禹锡等人,是中唐政治革新的主体,同时也是中唐文学创新的主体。主体的两重性,表明两者之间的内在联系。它们是相互渗透而又不可彼此替代的。中唐固然没有李白、杜甫那样"集中地代表一个时代"的伟大诗人,但中唐文学的总体成就,决不下于盛唐。柳宗元、刘禹锡诸人,以两重性主体的特殊角色进入中唐文坛,给中唐文坛的构成带来了新变化。北宋时期,既是政治"名臣"又是文学"名家"的,为数更多,蔚为风气,成为中国文人的一种主流群体。这种政治革新主体与文学创新主体两者结合的趋势,是在唐宋时期重大历史变动的背景下出现的,有着特定的历史内涵与时代特色,值得我们予以关注。

从"永贞革新"到"熙丰变法",唐宋两代的政治改革,不幸都以失败告终,改革者总要为肩负的历史责任付出相应的代价。"永贞革新"失败后,柳宗元被贬15年,卒于离京5000里外的柳州,年仅47岁。刘禹锡被贬24年,55岁时始得还京。他们许多优秀作品,大都作于蛮荒边远的迁谪生涯之中。柳宗元"发纤秾于简古,寄至味于淡泊"的诗风,与刘禹锡"诗多怨刺"的特点,无一不与他们"英雄失志"的身心境遇有关。宋代的改革者,一代一代接踵而起,他们所遭遇的艰危困苦,有些还甚于唐代的先行者。然而接下来的改革者往往步子愈迈愈大,改革的志向也愈加坚定不移。唐宋历史上那些富有生气的章节,不少是肇始于"永贞革新"的一代一代的改革者创造的。

胡可先同志多年前与已故吴汝煜教授合作撰有《全唐诗人名考》等著作,其文史功底在年轻学者中是很突出的。他的《杜牧研究丛稿》、《唐郎官石柱题名考补正》、《登科记考补编》,亦以精审见长。近年来到杭州攻读博士学位,埋首群籍,勤奋耕耘,旁搜远绍,寒暑不辍。他在原来熟稔唐代文献的基础上,进而涉猎两宋载籍,撰有多种宋代词人年谱与有关宋词的考证著作,学术取径不断扩大。值其《中唐政治与文学》一书问世之际,聊书数语,作为对"永贞革新"等历史事件的共同纪念。

10月,为萧庆伟《北宋新旧党争与文学》作序。

《序》中曰:北宋新旧两党因政见政策歧异,自王安石熙宁变法起,直至北宋灭亡,两党之争绵延六、七十年之久。由于新旧两党更迭执政,又多运用政治手段迫害政敌,不但使北宋政局大坏,也使文人命运饱经忧患。北宋中期的许多名家大家,几乎都卷入了这场党争。文学命运受政党政治影响之深之巨,可谓前此所未有。

这是中国文学史上应该认真探讨的重要课题之一。对此,如果不作整体研究,而仅作个案研究,是不能得出科学结论的。我认为本书的贡献正在于对北宋新旧党争与文学的关系作了全面而系统地整体研究,并从作者观察的若干层面进行了有益的剖析。

可以说本书是一部从政党政治角度研究文学史的著作,也是一部对宋代文学作认真地专题研究并取得成功的著作。本书材料丰富,视野宽阔,立论坚实,文笔流畅,也是优点之一。研究宋代文学者,可以从中吸取有价值的东西是不少的。希望庆伟同志以此为新的起点,取得更大的成绩。

指导的博士论文《北宋党争与文学》(作者沈松勤)获全国百篇优秀博士论文。被教育部、国务院学位委员会授予全国优秀博士学位论文指导教师奖。

2001年　68岁

在浙江大学任教。

1月,主编的《唐宋词精华》(上、下)由太白文艺出版社出版。

6月,指导吴蓓完成博士论文《浙西词派研究》的写作,并举行博士论文答辩。答辩委员会主席为严迪昌教授,成员为吴熊和、陆坚、陈铭、肖瑞峰、沈松勤等教授。

严迪昌、刘扬忠、钟振振、王兆鹏《传承、建构、展望:关于20世纪词学研究的对话》:"词派的研究,也有了专著,严迪昌先生的《阳羡词派研究》就是其中得代表。杭州大学吴熊和教授门下的博士,有好几位的博士论文是研究清词词派,只是尚未公开出版。清词研究,近些年已逐渐为研究者所注意。"(严迪昌、刘扬忠、钟振振、王兆鹏《传承、建构、展望:关于20世纪词学研究的对话》,《文学遗产》,1999年第3期,第8页)

8月,担任《蒋礼鸿集》主编。《蒋礼鸿集》由浙江教育出版社出版。《蒋礼鸿集》编委会成员为肖瑞峰、祝鸿熹、黄金贵、陆坚、盛静霞、颜洽茂、俞忠鑫、方一新、黄征、任平。

8月,为《中华经典古诗词诵读》作序。

《序》中曰:"本书选取的都是历代诗词中的经典之作,无论思想内容还是艺术成就都堪称典范。本书不仅编入了国家教育部制订的中小学语文教学大纲中推荐背诵的全部篇目(其中小学80首,中学100首),而且在此基础上适当补充以扩大诵读量。本书的体例安排,既借鉴古今众多同类读本,又结合当前中小学实际,避免了刻板的以五言绝句、七言绝句、五言律诗、七言律诗、五言古诗、七言古诗等为序的做法,按内容分成'四季风光'、'江山多姿'、'人间情怀'、'爱国忧民'、'万物风情'、'哲理情趣'等类。每类之中,按作家、作品时代的先后次序排列;词又在诗之后。这样,可以使学生在诵读一首作品时,都能对其情感内容、表现形式和历史时代等要素有一个清晰的了解。"(《中华经典古诗词诵读》,宁波出版社,2002年)

2002年　69岁

在浙江大学任教。

5月,指导谭新红完成博士论文《清词话研究》的写作,并举行论文答辩。答辩委员会主席为严迪昌教授,成员为吴熊和、陆坚、肖瑞峰、陈铭、吴战垒、沈松勤、费君清等教授。

5月,《中华词学》第3辑"词坛信息"刊发《〈吴熊和词学论集〉出版》。

信息曰:"当代著名词学家吴熊和教授的论文集《吴熊和词学论集》1999年由杭州大学出版社出版,集中收入他多年来从事词学研究的重要论文共三十篇,其中也包含他为多种词集所作序言及读后感。

吴熊和教授系上海人,毕业于华东师范大学中文系,后考取夏承焘教授的研究生，是夏老的衣钵传人。吴熊和教授治词不局限于词，正如他在该书《后记》中所说：'词学并不是一个自我封闭的体系。词学不但要与诗学彼此补益，相互参照，联手共事；同时还要不断从其他相关学科，尤其是史学（包括音乐史、文化史）取得滋养和帮助。宋词上承唐诗而旁通宋诗，两宋作家往往诗、文、词三者兼擅，并出一手。治宋词若知其一不知其二，必然左支右绌，顾此失彼，难以弘通。'……可谓远见卓识。

吴熊和先生和他人合著的《全宋词人名地名作年考》、《唐宋词汇评》即将问世，他与严迪昌、林玫仪教授合著的《存世清词别集知见书目汇编》也已完成。"（吴熊和、喻朝刚、曹济平、王步高主编《中华词学》第 3 辑，2002 年 5 月，东南大学出版社，第 81 页）

9 月，招收胡淑慧为博士研究生。

2003 年　70 岁

从浙江大学退休。

廖可斌："2003 年吴先生退休，我们也颇为感伤，过年过节有时我们去看他，就像刚才诸位先生讲的，他总是不失自己的尊严，非常淡定，非常沉着冷静，还是给我们以关心，生怕麻烦别人。我得到吴先生的很多关爱，是充满感激之情的。"（廖可斌《在吴熊和教授追思会上的发言》，陶然编《吴熊和教授纪念集》，浙江大学出版社，2014 年，第 65 页）

4 月，参加杭州大学中文系六三届毕业 40 周年同学会。

李丹："2003 年 4 月，杭大中文系六三届毕业 40 周年同学会在杭州召开。……端坐在王维贤老师身旁的吴熊和老师，笑眯眯地摸着我的头：'小李丹大起来了……'他仍然像当年一样谈笑风生。吴先生对我说:'你当年所保持的中文系学生中最小年龄的纪录,在'文革'中已经被打破了。你读完小学和中学需12年,自'文革'开始,小学5年,初中2年,高中2年,他们只需要9年就读完了小学和中学。'近乎40年未见面了,吴先生依然记得我与我的年龄。惊讶之余,我也无大无小地回答他:'吴老师,我仍然活在你的心里。'顿时,师生中爆出了一串爽朗的笑声。后来,我才知道,吴先生对我们这一届学生很有感情,他是抱病来参加我们的同学会的。"(李丹《长忆音容词史中——缅怀浙江大学吴熊和教授》,陶然编《吴熊和教授纪念集》,浙江大学出版社,2014年,第101页)

6月4日(端午节),作《鹧鸪天》(簧舍无端竟进场)、(抱病久辞翰墨场)二首。

6月5日,作《书味一绝》(七绝)一首。

6月,指导黄杰完成博士论文《宋词与民俗》的写作,指导钱建状完成博士论文《文化版图的重组与文学命运的再照——宋南渡文坛的历史文化考察》的写作,并举行论文答辩。答辩委员会主席为沈松勤教授,成员为吴熊和、陆坚、肖瑞峰、陈铭、林家骊教授等。

8月,作《赠钱建状赴厦门大学执教》(七绝)四首。

10月17日,赴上海参加华东师范大学为施蛰存先生百岁华诞、徐中玉先生九十华诞举行的庆典。

齐森华《在吴熊和教授追思会上的发言》:"2003年,华东师范大学为施蛰存先生举行百岁华诞、徐中玉先生九十华诞的庆典活动,那时候吴先生生病已经蛮久了,他抱病从杭州赶到上海去参加活动。当时我对他说,吴先生你身体不好,怎么也来了?他说,老师的事情,我能不来吗?一定要来!实际上他当时身体已非常虚弱了。他为两位老师的庆祝文集专门写了文章,吴先生还为施先生填了《临江仙》词。施先生在做了百岁生日一个月之后过世了,吴先生非常悲痛,又填了首《临江仙》词,对两位老师非常崇敬。"(齐森华《在吴熊和教授追思会上的发言》,陶然编《吴熊和教授纪念集》,浙江大学出版社,2014年,第55页)

谭帆《在吴熊和教授追思会上的发言》:"我记得2003年,我们施蛰存先生百岁,我们徐先生九十岁的一个纪念活动,吴先生那时生病已经四五年了,我们当时真是很忐忑、很纠结到底要不要发邀请信,但最后我们还是发了,吴先生也来了。来了以后我们看到他身体已经有点虚弱,脸色非常苍白,我们真是非常感动。当时他已年逾古稀了,已经七十岁了,而且生病已经四五年,还能够亲自到上海来参加两位老师的活动,我们真是非常感动、非常感动。吴先生他对于前辈老师的那种心情、他的那种襟怀,真是令我们非常感动的,而且据说这是吴先生一生最后一次离开杭州参加的一个活动,所以这对我们来讲真是非常感动、非常值得纪念的。"(谭帆《在吴熊和教授追思会上的发言》,陶然编《吴熊和教授纪念集》,浙江大学出版社,2014年,第58页)

10月,作《临江仙·施蛰存师百岁华诞》,后发表在《词学》第16辑。

10月,《唐宋词通论》由商务印书馆出版。

11月,作《临江仙·敬挽蛰存师》,后发表在《词学》第16辑。

12月,作《偶成》(癸未冬日)(七绝)二首。

12月,接黄文吉《黄文吉词学论集》。

指导的博士论文《永贞革新与中唐后期文学》(作者胡可先)获全国百篇优秀博士学位论文提名。

《一脉天风,百丈清泉——吴熊和教授学术研究述评》(作者费君清、陶然）在《文学评论》第 3 期刊登。

该文从"治学历程"、"新词学体系的建构"、"词学领域的新开拓"和"以词学为中心的开放与创新的学术体系"四个方面，以丰富的资料和深沉的情感，结合百年来新词学的发展历程，全面而系统地阐述了吴熊和先生的治学路径、词学理念和学术贡献。

"治学历程"部分曰："进入 90 年代，吴熊和教授的研究重点大致在两个方面：其一是致力于明清词的研究。清词繁多芜杂，向来难治，吴熊和与严迪昌、林玫仪合作编撰了《清词别集知见书目汇编》，由台北'中央研究院'中国文哲研究所出版。该书共收录了六千余种清词别集书目（包括同一别集的不同版本在内），堪称钩稽详备，蔚为大观。在编纂过程中，还陆续撰写了多篇有关明清之际词派研究的专题论文，如《〈柳州词选〉与柳州词派》、《〈西陵词选〉与西陵词派》、《〈梅里词辑〉与浙西词派的形成过程》等。其二是专心于'为词学做些扎实有用的打基础的工作'（《吴熊和词学论集后记》）。他一向认为，基础性工作是非常重要的，它可以为学术研究提供一个坚实完善的根基，避免无根游谈的空论。多年来，他为此投入了巨大的精力。《词学大辞典》（1996 年浙江教育出版社）、《唐宋词汇评》（2003 年浙江教育出版社），以及《全宋词编年综考》等著作即是这方面的成果。前者是与沪、宁等地学者合作的成果，在一定程度上完成了夏承焘先生编撰《词辞典》的夙愿。而他率领众弟子编著的《唐宋词汇评》，不仅汇录有关唐宋词作的全部评论，而且重在资料搜辑与考订，在体例和具体材料上，都有重要创新。《全宋词编年综考》重在通过人、地、时的考订，对宋代词作的创作背景进行全面清理。《全宋词》凡两万余首，经过吴熊和的考订，包括采纳前贤今人已有的成果，可以编年断案的已不少于三四千首。本书完成后，可为从事宋词研究者提供诸多方便，并指出不少尚待开拓的空间和新的研究思路。1999年出版的《吴熊和词学论集》（杭州大学出版社），是其词学研究的阶段性总结，同时也反映了他在这一领域的新探索。他曾经与弟子们说，与当年写作《唐宋词通论》时相比，自己对词史的看法，已有较大的不同。因此近年来，他还拟在重新审视词史的基础上，撰写一部贯穿千年的多卷本中国词史。"

"新词学体系的建构"部分曰："在吴教授所构建的新词学基本体系中，值得特为拈出的是他以文化史的特定视角治词。晚清之前的词学，基本围绕着创作技法、词调音律和艺术欣赏这几个层面展开，总体上是从技术的角度治词。及至王鹏运、郑文焯、朱祖谋诸大家出，致力于词籍校勘等基础性的工作，把词学引入实证科学的层面。后来夏承焘先生的词人年谱之学，则在实证的基础上，开创了以史治词的新门径。而吴熊和教授的词学研究，更进一步超越了传统史学的局囿，拓出了以文化史治词的新视角，例如对于词的起源和特质的认识，吴熊和在《唐宋词通论·重印后记》中指出：'谈论词的起源，不少学者注重词与音乐的关系，从词与燕乐的因缘入手考察词的起源，已经取得了可观的成果。但是光从这一点着眼，现在看来就显得不够。许多事实表明，词在唐宋两代并非仅仅作为文学现象而存在。词的产生不但需要燕乐风行这种具有时代特征的音乐环境，它同时还关涉到当时的社会风习，人们的社交方式，以歌舞侑酒的歌妓制度，以及文人同乐工歌妓交往中的特殊心态等一系列问题。词的社交功能与娱乐功能，在相当长的时间内，是同它的抒情功能相伴而行的。不妨说，词是在综合上述复杂因素在内的历史背景下产生的一种文学—文化现象。'这就不单单是就词本身的历史来立论了,而是把它放置在音乐史、社会风气及制度史、文人心态史等诸多方面共生而互动的一个大环境中进行考察。同时,又不能因空谈文化而忽略了词的文学特质,将词定位为一种文学——文化现象。这种开阔而弘通的视野,为词学研究开拓了许多新的领地,对20世纪90年代以来的词学研究产生了重要的影响,推动了当代词学的进展。近年来不少词学新著,都直接继承了吴熊和教授的这种学术理念。"

"词学领域的新开拓"部分曰:"吴熊和教授在词学研究领域辛勤耕耘了几十年,所取得的成就是多方面的,除了在唐宋词研究方面具有继往开来的意义,对于其他诸多词学领域也作出了开拓性的贡献。这主要表现在词学文献的系统整理与研究、明清之际词派研究、域外词学研究、词学研究方法的探讨等四个方面。就词学文献研究来说,吴熊和教授的几部著作各有侧重:《放翁词编年笺注》,是词集的个案研究,侧重于笺注;《词学全书》,则侧重于读词、作词技法的整理;《唐宋词汇评》,不仅汇录有关唐宋词作的全部评论,而且重在资料搜辑与考订;《全宋词编年综考》,以宋词与文献参证、史事与文心同勘,将宋代每一首词可以考出的写作年代,词中出现的人名、地名,词作涉及的史事以及相关的本事,钩稽索隐,进行全面而又精审的考证,成为体大思精的、集大成式的词学文献研究著作。"

"以词学为中心的开放与创新的学术体系"部分曰:"吴熊和教授治学以词学为主,但不囿于词学。他认为词学不应是一个封闭的体系,表现在他的学术研究思路上,格外强调开放与创新。他常说,就中国古代文学研究而言,传统的学术研究方法如考据,当然需要继续掌握使用,但学术传统也需要不断变革。墨守成规、陈陈相因,跳不出旧学的窠臼,不能成为新世纪有成就的学者。因此,学术研究一是要有强烈的当代意识,手下是历史,眼光是当代,探讨中国丰富的传统文化资源在现代化过程中发挥的作用。二是研究方向要考虑如何与世界学术潮流相融合。中国古代文学研究不能自我封闭式地关起门来搞,在东西方文化交流日益扩大的今天,中国学术也要面向世界,要开辟中外学术对话的通道,要建立进行这种对话的新的思维方式与话语系统。这种开放性的眼光,在治传统学术的学者中是并不多见的。"

2004年　71岁

1月,《高丽唐乐与北宋词曲》收录在《20世纪中国学术文存》(陈平原主编)之《词曲研究》(王小盾等编),湖北教育出版社出版。

3月,作《论词绝句》100首。刊于《词学》第16辑。又收入《第四届宋代文学国际研讨会论文集》,浙江大学出版社2006年出版。

甲申岁初,战垒兄示新作《浣溪沙》读宋人词十二章,朗朗高咏,风调酣畅,心窃慕之。爰以近年学词所积,赓以绝句百首。清赵昱、厉鹗等七家《南宋杂事诗》,合韵语史笔为一,且自援所出,各系以事,其体颇善。今亦参杂用之,诚不足承远躅而蹑清风也。

柳　永

深宫夜醮集灵台,应制青词次第来。

内侍禁中再传旨,中秋须进醉蓬莱。

以词应制,始于柳永。《乐章集》中,应制词多至十余首。《送征衣》(过韶阳)、《御街行》(燔柴烟断)、《永遇乐》(薰风解愠)

三首,皆颂仁宗生日。仁宗生于大中祥符三年四月十四日,后以是日为乾元节。柳永景祐元年登进士第,发榜后正值仁宗诞辰,群臣上寿于紫宸殿,契丹亦遣使来贺乾元节(《续通鉴长编》卷一一四)。柳永或于其时始作"圣寿"词,时仁宗二十五岁,柳永则年近五十矣。又《倾杯乐》(禁漏花深)、《玉楼春》(皇都今夕、星闱上笏)三首,皆元宵应制;《破阵乐》(露花倒影)咏三月二十日驾幸金明池观争标赐宴;《玉楼春》(昭华夜醮、凤楼郁郁)咏大中祥符五年降圣节宫中夜醮;《巫山一段云》(六六真游洞)五首咏大中祥符"天书"再降之六月六日天贶节;《醉蓬莱》(渐亭皋叶下)则咏嘉祐六年老人星现。王辟之《渑水燕谈录》卷八谓"入内都知史某",以老人星现命柳永以《醉蓬莱》应制。按史某为史知聪,至和元年至嘉祐六年,为入内副都知、都知,见《续资治通鉴长编》卷一九三、一九五。详见《〈醉蓬莱〉一词的几个疑点》(《吴熊和词学论集》)。

舞榭歌台共侑觞,白衣卿相出平康。

上清秘语凭谁问,漏泄天机在教坊。

柳永久试不第,自称"白衣卿相"。《玉楼春》:"香罗荐地延真驭,万乘凝旒听秘语",记大中祥符五年十二月二十四日夜,真宗于宫中延恩殿梦见"圣祖"赵延朗,真宗有《圣祖降临记》记其秘训,并以是日为降圣节(《宋史·礼志七》)。详见余《柳永与宋真宗"天书"事件》。

京洛音声牧马儿,西陲井畔舞成围。

东瀛朝会奏唐乐,满耳楚娘柳七词。

柳词以京洛音声远传西夏,凡有井水处皆能歌之。同时又渡海东传高丽。《高丽史·乐志》所载"唐乐",有柳永《醉蓬莱》、《倾杯乐》等八首。高丽教坊女弟子楚英尝奏新传《抛球乐》等歌舞曲。楚英等女伎为徽宗政和间所遣。详见余《北宋词曲与高丽唐乐》。

暮年中第入淮行，残月晓风别帝京。

姓氏已留名宦录，桐江象海总亲民。

《雨霖铃》记于汴京东水门登舟，经汴河至泗州入淮，渡江而至两浙，在今浙江桐江、象山为亲民官。两浙方志列柳永于名宦传，记其亲民善政。监晓峰盐场所作《鬻海歌》，则其尤著者也。柳词中淮楚词、两浙词，可钞为一卷，以见其宦行踪迹。方回《送紫阳王山长俊甫如武林五首》（一）："欧九登庸柳七弃，昭陵曾筑太平基。"以柳词为"淫辞"、"妖谶"（见《桐江续集》卷一七），盖亦厚诬柳永矣。

晏　殊

无可奈何新世变，似曾相识旧情多。

中朝高士谈名理，难抵临川一曲歌。

春秋易序，人事代谢，盖世变之常。而去燕来鸿，前尘影事，则未能忘情，低徊无已。"无可奈何"二句，前为理语，后为情语，情理相衡，两得其中，诚为宋人达识，思密而情丰。

词家哀怨总情真，念远伤春实怆神。

此日不挥闲涕泪，始知怜取眼前人。

吴梅《词学通论》谓晏殊《浣溪沙》"满目河山"二语，较"无可奈何"一联"胜过十倍"。然以"不如怜取眼前人"接之，尤具胜义。

小时了了后登庸，诗赋般般廊庙工。

月色溶溶风淡淡，雍容气象戟门中。

北宋多神童，而"小时了了，大未必佳"。独晏殊十四岁以神童荐，二十八知制诰，三十五岁仕至宰辅。独赏"梨花院落溶溶月，柳絮池塘淡淡风"为善道富贵，身处高位而胸襟坦然。

伤春伤别更伤魂，忘却身高在九阍。

登楼若望天涯路，愁心一夕满中原。

晏殊在位甚久，回翔中外，时朝中多故，边事不靖，未闻于大政多有建树。

欧阳修

春衫白纻写乌丝，都下新传鼓子词。

既谱牡丹兼鼓曲，洛阳年少最当时。

欧阳修二十六岁为西京推官，钱惟演为留守，幕府多名士。欧阳修年最少而为词最多，可订为《洛下集》一卷，与此后《平山集》相先后也。其《十二月鼓子词》，王安石丞称赏。鼓子词虽为俗曲，欧阳修老犹作之不辍。两宋词人作鼓子词，欧阳修最为擅长焉。集中尚有荷花会鼓子词、七夕鼓子词、重阳鼓子词等凡三四十首。然皆不用于叙事。在洛阳又作《洛阳牡丹谱》一卷。

幕府宾从尽俊贤，红笺十幅落云烟。

画楼钟动谢郎句，一度重听一怃然。

"月西斜，画楼钟动"，谢绛《夜行船》句，明道二年别洛阳时作，六一词中屡及之。《夜行船》："愁闻唱、画楼钟动"；《采桑子》："画楼钟动君休唱，往事无踪"；《玉楼春》："画楼钟动已魂销，何况马嘶芳草岸"。谢绛与欧阳修为洛中同僚，明道二年由洛阳通判应召赴京。后卒于宝元二年，年四十六。欧阳修为撰祭文与墓志铭。晏几道《凤孤飞》亦云："一曲画楼钟动，宛转歌声缓"，盖数十年间传唱不衰，皆怀洛中往事。

中原百战半蒿莱，曲子相公付劫灰。

柳七居前欧九后，南风更竞凤城隈。

契丹入洛，称和凝为"曲子相公"。仁宗时，欧阳修与柳永、张先、晏殊诸人，先后由江南来汴京，宋词引入南风，遂趋兴盛。

盖数人皆南士而非北产。

历经二府始归田，老去风情耽管弦。

六一堂前歌舞伎，采桑才罢采红莲。

欧阳修历仕东西二府（枢密副使、参知政事），熙宁初致仕，退居颍川。《采桑子》十二首，咏颍州西湖。《渔家傲》咏荷八首，亦为一组鼓子词联章，有首有尾，用于歌舞，余别有考。皆投老颍川春夏间所作。曹冠《霜天晓角》序："荷花会，用欧阳公故事，歌《霜天晓角》词，擘荷花，遍分席上，各人一片，最后者饮。"犹存其遗风。政和末，叶梦得知颍昌府，有《江城子》云："犹有邦人，争唱醉翁词。"上距熙宁初已近五十年矣。

苏　轼

妓筵题帕偶挥毫，洗眼湖山兴更豪。

一自朝云归梦后，万千绮语顿时消。

苏轼作词，始于熙宁间通判杭州时。湖山张宴，常有歌妓以帕乞词，所作遂多，盖词中《钱塘集》也。离杭后，朝云来归，年仅十二。绍圣三年，朝云因瘴疫卒于惠州贬所，随苏轼二十二年。

漏断临皋月缺时，幽人犹起恋寒枝。

秦黄乐府妙天下，敛手黄州落雁词。

苏轼初贬黄州，寓居临皋亭。临皋亭本为黄州城南长江边之江驿，俯临江岸，去江无十步。时外界不通音问，惟与江涛共朝夕。每夜步远近，自称"幽人"。《卜算子》（缺月挂疏桐）盖自寓忧伤，而笔力蕴藉超脱。黄庭坚以为"语意高妙，似非吃烟火食人语"，见《豫章黄先生文集》卷二六《跋东坡乐府》。

惊涛乱石水连天，酹月满尊故垒边。

地下周郎如顾曲，小乔按拍舞翩跹。

范成大《吴船录》记出蜀东归，"过赤壁，泊黄州临皋亭下。

赤壁，小赤山也，未见所谓'乱石穿空'及'蒙茸'、'巉岩'之境，东坡词赋微夸焉。"前此陆游入蜀过此，亦云："赤壁矶，亦茅冈耳，略无草木，故韩子苍待制诗云：'岂有危巢与栖鹘，亦无陈迹但飞鸥。'"见《入蜀记》卷四。

公瑾曹瞒共酒筹，扁舟赤壁本神游。

乌台贬后雄心在，指顾长江绕郭流。

苏轼一生屡因诗得祸，然乐此无悔，从不戒诗废诗。元丰二年诗案发，狱中作云："梦绕云山心似鹿，魂惊汤火命如鸡。"入狱一百三十日，十二月二十八日出狱，便赋诗云："却对酒杯浑是梦，试拈诗笔已如神。"盖平生以文字为快意也。旋贬黄州。《初到黄州》云："长江绕郭知鱼美，好竹连山觉笋香。"又一番生气勃勃，兴不可遏，虽出入炼狱而不改其度者。瞿禅师昔有句云："此是东坡真学问，惠州不死又儋州。"

晏几道

小蘋初见便相思，坠雨辞云不复归。

垂老却为文法吏，升平歌管动闱扉。

崇宁四年，开封府奏狱空，推官晏几道转一官，见《宋会要·刑法四》"狱官门"，时年已六十八。慕容彦逢《摛文堂集》卷五有《通判乾宁军晏几道可开封府推官制》。乾宁军，今河北青县。晏几道原由通判乾宁军入京为开封推官。《生查子》"坠雨已辞云，流水难归浦"，皆追怀莲、鸿、蘋、云等词中数见之旧人。

据《东南晏氏重修宗谱》(乾隆三十二年重修)记晏殊生九子，几道为第八子，宝元戊寅四月二十三日辰时生，大观庚寅九月殁，寿七十三岁。宝元戊寅即景祐元年，比苏轼小二岁。

临川门第最清华，不入城东蔡四家。

独惜彩云归梦杳，谢桥何处踏杨花。

蔡京府第在汴京城东，尝于重九冬至日遣客求晏几道长短句，《鹧鸪天》"九日悲秋"、"晓日迎长"二词是也，然无一语及蔡京。见《碧鸡漫志》卷二，亦崇宁间事。

痴绝华年胜虎头，不甘小谨爱歌喉。

哀弦自诉秋心苦，坠粉飘红终不休。

韩维以晏几道"才有余而德不足"，戒其"捐有余之才，补不足之德"，见《邵氏闻见后录》卷十九。此即黄庭坚《小山集序》谓诸公"以小谨望之"者。黄庭坚又谓其生有"四痴"，"余尝论叔原固人英也，其痴亦自绝"。虎头，顾恺之小字，人谓其文绝、画绝、痴绝为三绝。按山谷亦自谓"吾侪痴绝处，不减顾长康"，见《次韵答叔原会寂照房呈稚川》。其《小山集序》约作于元丰三年，时二人同在京师。又《次韵王稚川客舍二首》谓其元丰调官京师，"尝阅贵人家歌舞"，疑即指晏几道诸家歌舞。

人生聚散苦无常，犹幸论交寂照房。

政事堂中旧宾客，几曾顾念晏家郎。

晏几道与黄庭坚（少前者七岁）元丰中屡唱和于京师寂照房。黄庭坚盛赞晏几道"晏子与人交，风义盛激昂"。晏几道为晏殊幕子，陆沉下位，不践诸贵之门，自云"今日政事堂中，半吾家旧客"，见《砚北杂志》上。

黄庭坚

观风已过鬼门关，万里黔中独往还。

数载泸戎犹气岸，舞裙歌板佐清欢。

绍圣二年，黄庭坚被贬入黔，投荒万里，一身吊影，过峡州鬼门关。绍圣五年，又移戎州安置。元符三年，奉命出峡。居蜀五年，作词倍于往常。戎州九日后有《鹧鸪天》三首，其二下阕云："身健在，且加餐。舞裙歌板佐清欢。黄花白发相牵挽，付与时人冷眼看。"时年五十四。谪居在小寺中,号大死庵,与夷蛮杂处。见范成大《吴船录》卷下。黄庭坚常谓"人固与忧乐俱生者也",故历经艰危,万事随缘,自作主宰,顽强犹昔。

绿蓑青笠几时休,新妇女儿却带愁。

渔父家风非孟浪,山弯水曲转船头。

张志和《渔父词》"斜风细雨不须归",黄庭坚和以"斜风细雨转船头",苏轼谓"真得渔父家风",或更以为乃"见道语"。"新妇矶头眉黛愁,女儿浦口眼波秋"。新妇矶即望夫山,女儿浦在九江大孤山侧。词或黄庭坚入蜀途中所作。故苏轼作跋,称之为"黔安居士",见《苏轼文集》卷六八《跋黔安居士渔父词》。又卷六九《跋山谷草书》:"昙秀来海上,见东坡,出黔安居士草书一轴。"时苏轼远在儋州。

白发簪花耐盛衰,宜州酒味总相宜。

投床大鼾投荒去,短笛长歌莫紧催。

《豫章先生传》谓山谷初谪黔州,"命下,左右或泣。公色自若,投床大鼾,即日上道。"崇宁二年,又除名勒停,送宜州羁管。崇宁四年九月九日,宜州城楼宴席,作《南乡子》词,倚阑高歌,有"酒味今秋似去秋"、"短笛长歌独倚楼"诸句,为山谷绝笔。九月三十日,终不起。

词中雅俗本兼容,雅俗俱能黄九翁。

忘却佛门犁舌戒,转道木大两婆公。

宋词雅俗两类,一直并存不废。黄庭坚作诗长于以俗为雅,以故为新,词则亦雅亦俗,所用俗语每至不能索解(秦七黄九有此同好)。"副靖木大"、"家有婆婆",见山谷《鼓笛令》。山谷《小山集序》谓圆通法秀禅师以其词笔墨劝淫,于佛法中当下犁舌之狱。事在元丰末。苏轼《与圆通禅师四首》其一云:"某闻名已久，而得公之详，莫如鲁直，亦如所谕也。"可知山谷与法秀相知已久，相契亦深。元丰七年，法秀住法云寺，见苏轼《法云寺钟铭》。元好问《题山谷小艳诗》云："法秀无端会热谩，笑谈真作劝淫看。只消一句修修利，李下何妨也整冠。"见《遗山先生文集》卷十一。

秦 观

党人碑石幸同侪，劈板焚书岂足羞。

三月莺花亭上客，杜鹃声里落雷州。

崇宁元年九月，立党人碑于端礼门，定"奸党"一百二十人，苏轼、黄庭坚、秦观、张耒、晁补之等俱名在党籍，禁元祐学术。二年四月，诏毁三苏、黄庭坚、秦观文集。莺花亭在处州。绍圣二年，秦观贬监处州酒税。酒税局在处之姜山。后范成大知处州，以秦观《千秋岁》词有"花影乱，莺声碎"之句，作小亭，名之曰"莺花"，以纪念秦观。元符元年，秦观除名，自横州移雷州编管。

元祐党家剧可哀，古藤醉卧去无回。

无双国士雕龙手，一入庙堂即祸胎。

入元祐党籍者，被称为元祐党家。元符三年，秦观北归途中，卒于藤州光华亭。其《好事近》词云："醉卧古藤阴下，了不知南北。"黄庭坚后作诗悼之："西风吹泪古藤州。"晁说之有《听唱秦少游'溪路雨添花'词感旧作》，见《嵩山文集》卷五。刘泰（号菊庄）有题秦观《好事近》词墨迹："名并苏黄学更优，一词遗墨至今留。无人唤醒藤州梦，淮水淮山总是愁。"见刘将孙《养吾斋集》卷九《萧学中采诗序》。"东南淮海惟扬州，国士无双秦少游"，黄庭坚《送少章从翰林苏公余杭》句。

词到苏门百态新，风流淮海更专城。

时人钟爱星河曲，亦赋人间牛女情。

秦观《鹊桥仙》咏七夕云："两情若是久长时，又岂在朝朝暮暮。"兼天上人间言之，谓银汉牛女与人间离别，皆贵在两情久长。较欧阳修《七夕》诗"若云天上稀相见，犹胜人间去不归"，更具胜义。

曲子三千长短吟，作家歌阕尽知音。

秦郎词句春风面，占尽皇州仕女心。

叶梦得《避暑录话》卷三："少游乐府，语工而入律，知乐者谓之作家，元丰间盛行于淮楚。"

贺　铸

健儿身手亦词雄，不落额风崇观中。

家近春明留一悔，入京交臂失坡公。

贺铸本为武官，少时任侠使气。元祐八年，苏轼等奏改文阶，入京居春明门东。贺铸与黄庭坚、秦观俱相交已久，然在京师未尝得便一见苏轼。

丽句如云不胜收，风流才调叹无俦。

吴中仕女争相见，不道搴帷见鬼头。

词人或锦心绣口，而体貌不称。温庭筠貌寝，号"温钟馗"，见《北梦琐言》十。贺铸则貌"奇丑"，俗谓之"贺鬼头"，见《老学庵笔记》八。连欧阳修也曾被称为"丑面汉"，见《花草粹编》卷五《鹧鸪天》(画毂雕鞍)词序。案清章学诚亦其貌不扬，曾燠赠诗云："五官半虚设，中宰独妙用"，可谓古今同例。秦观人调其多髯，号"髯秦"，见《邵氏闻见后录》。子秦湛"大鼻类蕃人"，见《鸡肋篇》上。

苏黄告退世风乖，乐府贺周变奏来。

解道江南断肠句，东山一曲最低徊。

王灼《碧鸡漫志》论乐府，以方回、美成并称，谓"贺、周语意精新，用心甚苦"。贺铸《青玉案》"凌波不过横塘路"，山谷首和，此后继之者多达二十余首，可谓盛矣。案此词为山谷激赏，常手写置之几研间，见《诗人玉屑》卷二十引《冷斋夜话》。崇宁二年，山谷于鄂州寄诗曰："解作江南断肠句，至今惟有贺方回"，揄扬备至。崇宁三年至宜州，即有和章，时山谷初得此词也。然苏轼未见此词。今传苏轼和贺方回韵送苏伯固归吴中旧居（三年枕上吴中路）词，乃姚进道作。进道，秀州华亭人，政和五年进士，知龙泉县。《毗陵集》十一有《姚进道文集序》。《全宋词》误系于姚述尧名下，不免失考。

家藏万卷拥书城，典重未能岂定评。

词人只合吴城老，何日挂帆入越行。

叶梦得《贺方回传》记其"家藏书万卷，手自校雠，无一字脱误"。李清照《词论》则嫌贺词"苦少典重"。贺铸自署"越人"、"庆湖遗老"，晚年居吴城以终，而吴越相邻，其一生未尝有越地之行。

周邦彦

典丽精工迥不侔，笙箫并作上樊楼。

秋娘唱罢周郎曲，占得东京第一流。

周邦彦词盛于汴京南楼西瓦。刘子翚《汴京纪事二十首》（十七）："梁园歌舞足风流，美酒如刀解断愁。忆得少年多乐事，夜深灯火上樊楼。"

三奏迩英博盛名，晚修礼乐动公卿。

纵然不作苏门客，宣政风流一代英。

元丰六年，周邦彦献《汴都赋》，神宗命侍臣读于迩英殿，授太学正。元符元年，自溧水返京，召对崇政殿，重进《汴都赋》。楼钥《清真先生文集序》所谓"一赋而得三朝（神宗、哲宗、徽宗）

121

之眷"也。大观间，周邦彦官议礼局，成礼书二种，政和中，提举大晟府，二者皆为徽宗制礼作乐。《汴都赋》多颂熙丰新政，与苏轼政见违隔。元祐二年，张耒、晁补之等苏门人士入太学，周邦彦即出庐州教授。新旧党争痕迹，历历可见。详见余《周邦彦琐考》。

官本清真数刻传，曹笺陈注出南边。

尊周尊姜纷纷是，一脉瓣香到玉田。

宋时清真集，有溧水本，明州本，严州本，皆周邦彦历官之地，盖官本也。南渡后为清真词作注者，有曹杓、陈元龙诸人。然清真集北地罕传，故金元词人少有论及。南宋词人则远祧清真，近师白石。后有张炎《词源》，为周姜一派作结。

性近倡优贬不轻，词中老杜褒殊荣。

静庵转语谁能解，一字千钧月旦评。

一九〇八年至一九〇九年，王国维陆续发表《人间词话》于《国粹学报》，谓永叔、少游与美成，"有淑女与倡伎之别"。一九一〇年，撰《清真先生遗事》成，则转而尊周邦彦为"词中老杜"。或谓前者出于词家本论，后者出于史家考据，似亦未得其实。《人间词话》本许周邦彦"不失为第一流之作者"，而周词中应歌诸作，本雅郑杂陈也。

李清照

南渡幼安与易安，词坛高并两峰寒。

自来历下多名女，赢得晦翁刮眼看。

《朱子语类》卷一百四十："本朝妇女能文，只有李易安与魏夫人。李有诗，大略云：'两汉本继绍，新室如赘疣'云云，'所以嵇中散，至死薄殷周'。中散非汤、武得国，引之以比王莽。如此等语，岂女子所能。"

对妆从不斗蛾眉，金石姻缘一世奇。

几辈才人修不到，归来堂上赌茶时。

赵明诚有《金石录》三十卷，多得李清照之助，二人可谓"金石姻缘"。清照夫妇于青州归来堂，每读书至夜分。"赌茶"之戏，至今为士林艳称。纳兰成德《浣溪沙》云："被酒莫惊春睡重，赌书消得泼茶香。当时只道是寻常。"

辗转依人两浙来，双溪舴艋载愁回。

帘儿不卷窗儿黑，却咏项王是霸才。

建炎南渡，明诚母（赵挺之妻郭氏）卒于金陵，后迁葬泉州。时明诚兄弟皆卜居泉州，可谓赵氏举族迁泉，独李清照未南行至泉（赵明诚姨兄谢克家，赵明诚弟赵思诚皆尝知泉州）。李清照至婺州，乃依赵明诚妹婿李擢。绍兴三年至五年，李擢以礼部尚书、徽猷阁直学士知婺州。见《建炎以来系年要录》卷六九。双溪在婺州。李清照曾过乌江，赋诗曰："至今思项羽，不肯过江东。"乃建炎三年在建康具舟西上，西楚霸王祠作。

道路流离过半生，暮年打马亦奇兵。

独怜被冷香消夜，犹梦蓬舟海外行。

李清照《打马图》为闺中雅戏，作于婺州，盖与嫁李擢之赵明诚妹共为雅集。时李清照年五十一。《打马图序》云："予性专博，昼夜每忘食事。"其耽于博弈，亦不舍昼夜矣。《渔家傲》（天接云涛）一词作游仙之想，有"路长日暮"之嗟，盖亦晚年所作。

张元幹

梦绕神州压卷词，闽中风义独扶持。

老来又过垂虹路，看到咸阳撒手时。

绍兴十二年，胡铨以奏请杀秦桧拒金人和议被贬新州，张元幹在福州赋《贺新郎》（梦绕神州路）一词送行。后人举此词及赠李纲"曳杖危楼去"二阕,为芦川词压卷之作。绍兴二十五年,秦桧卒。时张元幹六十五岁,再入京师,三过平江垂虹桥。"平生百绕垂虹路",乃其《青玉案》词语。李光指斥秦桧,必曰"咸阳",见陆游《跋李庄简公家书》。

> 九地横流气不伸,东京旧事尽如尘。
>
> 廿年多少忧时泪,洒向南迁过岭人。

绍兴元年,张元幹挂冠归三山,年仅四十。居三山二十余年,以送胡铨过岭词获罪,除名,入狱。

> 早岁汴营共抗金,南归忧国付长吟。
>
> 三山新得词星聚,锁考同呼作闽音。

张元幹曾为李纲汴京军营属官,靖康时共抗金兵。南归后,二人皆定居福州,倡和不辍。三山,福州也。林外《洞仙歌》"锁"、"考"同押,高宗知为闽人作词。北宋闽词有黄裳,至张元幹闽词遂盛。

> 寿词二阕致人疑,晚盖堂堂不可移。
>
> 曾傲闲居逾二纪,倒冠落佩未归迟。

《芦川归来集》卷七《瑞鹤仙》词,有"倚天峻阁"及"庭槐阴转,盆榴红烁"诸语,作于五月,似寿秦桧妻王氏(王孙女,时封魏国、韩国两国夫人)。《瑶台第一层》词,有"格天同德,全魏分疆"诸语,则寿时相秦桧。宋人寿时相诗词,以献蔡京、秦桧、贾似道三人最多,动辄千百。秦桧生日为十二月二十五日。词中"腊余春色早",正合秦桧生辰。周紫芝《太仓米集》卷二一《时宰生日乐府序》谓,"凡缙绅大夫之在位者,莫不相与作为歌诗,以纪盛德而归成功。篇什之富,烂然如云,至于汗牛充栋,不可纪极"。可见一时风气。按绍兴十五年十月,高宗亲书"一德格天之阁"匾额,以赐秦桧。十二月,又封为魏国公。寿词当作于赐匾之后。秦桧少张元幹一岁。绍兴二十一年，秦桧正六十岁。是年初，张元幹坐作词送胡铨，追赴临安大理寺。六月，获释出狱。有《水调歌头》"罢秩后漫兴"词，"倒冠落佩"，"两纪傲闲居"，皆词中语也。瞿禅师《论词绝句》论张元曰："堂堂晚盖一人豪"，则为张元定评，决不可易。芦川集中寿词凡二十余阕，大都未署寿主姓名，若一一为之考索，亦难措手。

殷熙仲《张元幹"晚盖"质疑》（《文史》第十辑），据秦桧于绍兴十七年三月，由魏国公改封益国公，谓此词当作于绍兴十五年底，并谓二词皆为伪作或误入，识此待考。

陆　游

春色满城柳数行，越中何处有宫墙。

何人见说黄藤酒，欲觅农家酿酒方。

陆游《钗头凤》词有"黄藤酒"，未见宋人载籍。余颇疑《钗头凤》词并非作于会稽沈园，详见余《陆游〈钗头凤〉词本事质疑》。

幕府打围猎骑欢，散关渺渺望南山。

曲江池馆犹相待，全甲牙旗破敌还。

乾道八年，陆游于南郑军幕，城楼可望见长安南山，颇思一醉曲江陂之间。尝登高兴亭赋《秋波媚》词，"灞桥烟柳，曲江池馆，应待人来。"

吴船入蜀历三巴，为爱海棠醉兴赊。

博得放翁名号好，锦城虽乐早还家。

乾道六年，陆游自山阴赴夔州通判任，舟行入蜀，有《入蜀记》六卷。淳熙三年，成都海棠盛开时，遍游诸家园林，时人呼为"海棠癫"。人或讥其颓放，因自号"放翁"，旋即东归。

倦矣归来老伏波，镜湖相伴办渔蓑。

荒村多少霜风夜，独有中原入梦多。

东归后,灯下读玄真子《渔歌》,有《渔父》五首,其三曰:"镜湖俯仰两青天。万顷玻璃一叶船。拈棹舞,拥蓑眠。不作天仙作水仙。"晚年居山阴三山村,多以诗词赋梦。"夜阑卧听风吹雨,铁马冰河入梦来",尤为壮丽。

张孝祥

霜毫初掷举军惊,幕府论兵气不平。

一曲歌头闻罢宴,书生亦自重横行。

绍兴三十二年,张孝祥在建康留守席上赋《六州歌头》(长淮望断),张浚为罢席而入。

婵娟相伴对青冥,冰雪襟怀过洞庭。

人月俱高此双璧,留作中秋百代吟。

乾道二年,张孝祥过洞庭,赋《念奴娇》词,与苏轼《水调歌头》同为绝唱,为古今中秋词双璧。

宸翰怎如笔阵雄,林间萧散晋人风。

峰回路转上灵鹫,清气犹钟九里松。

宋高宗颇亲翰墨。尝欲书"九里松"三字榜于灵隐道上。后因爱张孝祥擅颜体,即命书之。

于湖追步老坡仙,豪纵才情可拍肩。

毕竟入门输一著,咸阳气焰正摩天。

张孝祥作词,每问客曰:比东坡何如。盖以追踪东坡自熹也。据《宋史》卷四七三《秦桧传》,绍兴二十四年三月,秦桧孙埙试进士,举省殿试皆为第一,士论为之不平。"及廷试,埙与第二人曹冠策皆攻专门之学。张孝祥策则主一德元老,且及存赵事。于是擢孝祥为第一(时年二十三)。"存赵事,指靖康二年,徽、钦二帝入金营,金人议废赵氏而立张邦昌,秦桧时为监察御史,上书乞存赵氏社稷,反对改立张邦昌。钱大昕《十驾斋养新录》卷七"张于湖对策"条:"按于湖对策,以诋秦桧得在高选。《宋史》本传谓策问师友渊源,秦埙与曹冠皆力攻程氏专门之书,孝祥独不攻,殊非其实。"李心传《建炎以来朝野杂记》乙集卷十五:"甲戌岁,张舍人安国答策遂有'一德大臣'之言,乃擢第一。然庄叔、安国虽登第,独不附秦,安国几为所杀,由是见重于当时焉。"

辛弃疾

恨不相逢孙仲谋,提兵十万问中州。

而今南北多豚犬,鲁水齐山亦姓刘。

辛弃疾晚年镇京口,登北固亭《南乡子》、《永遇乐》两词,多怀及孙权,盖以赞其据江东而北抗中原也。曹操南征时,见孙权军伍整齐,喟然叹曰:"生子当如孙仲谋,刘景升儿子若豚犬耳。"北宋亡后,建炎四年,金人于济南册立刘豫为帝,号"大齐",都大名府。绍兴二年,刘豫迁居汴。七年,金人废刘豫。辛弃疾《进美芹十论札子》云:"臣之家世,受廛济南,代膺阃寄,荷国厚恩。大父臣赞以族众拙于脱身,被污虏官。"其祖辛赞仕于济南,或许正值刘豫据济南而受金人册封。

烟柳斜阳感不禁,梦中哽咽更沉吟。

红巾翠袖黄封酒,难慰辛郎迟暮心。

《摸鱼儿》:"休去倚危栏,斜阳正在,烟柳断肠处。"据传孝宗见之不悦。罗大经《鹤林玉露》卷四谓:"'斜阳烟柳'之句,其与'未须愁日暮,天际乍轻阴'者异矣。"按"未须"两句,乃程颢诗(《和司马光诸人禊饮》,《全宋诗》失收)。《朱子语类》九二:"明道诗'不须愁日暮,天际是轻阴',《龟山语录》说是时事,梅台诗亦说时事。""烟柳斜阳"异于"天际轻阴",正喻时事日非,回天乏力也。

飞虎建军报国忱,前生青兕气吞牛。

廿年岁月闲中老,只说瓢泉好个秋。

淳熙七年,辛弃疾为湖南安抚使,创置飞虎军,雄镇一方,为江上诸军之冠。《宋史·辛弃疾传》谓少与僧义端同在耿京军中,义端曰:"我识君真相,乃青兕也,力能杀人。"然南归四十余年间,投闲置散二十余年。《丑奴儿》书博山道中壁曰:"欲说还休,欲说还休,却道天凉好个秋。"盖已不胜秋心矣。

冶叶倡条迄未休,东南雌了最堪羞。

金元别有论词客,独尊苏辛第一流。

"东南妩媚,雌了男儿",陈人杰友人句,见其《沁园春》(记上层楼)词序。元好问尊苏、辛为词中第一流。《遗山自题乐府引》曰:"乐府以来,东坡为第一,以后便到辛稼轩。"

陈　亮

磊落嵚奇笔一枝,水心传语最相知。

平生经济情怀在,假手花间侧艳词。

叶适《书龙川集后》,谓陈亮有长短句四卷,每一章就,辄自叹曰:"平生经济之怀,略已陈矣。"并称之为"同甫微言"。

十论九议达宸衷,御戎中兴气更雄。

谁知岁晚俱沦落,却话鹅湖夜雪中。

乾道元年,辛弃疾上《美芹十论》。六年,又上《九议》。陈亮亦有《中兴五论》。淳熙十五年,陈亮自婺州至上饶访辛弃疾,同游鹅湖,逗留弥旬,极论世事,惜朱熹应约而未至。陈亮东归时,辛弃疾追至鹭鸶林,雪深泥滑而止。二人各赋《贺新郎》三首,往复唱酬。

纵横才略议迁都,北向争衡有壮图。

王霸于今何处说,兴亡留得半城湖。

陈亮《上孝宗皇帝第一书》力主迁都建业,谓钱塘一隅,风俗华靡,不足北向以争中原。又陈亮《复朱元晦书》,反对近世诸儒辨析天理人欲之说，主张"义利双行，王霸并用"。

> 不怕埋藏只报春，咏梅数阕见精神。
>
> 孤山雪后花千树，志士情怀处士魂。

陈亮咏梅云："一朵忽先发，百花皆后香。但报春消息，不怕雪埋藏。"《龙川词》有《点绛唇》、《好事近》、《浪淘沙》、《品令》、《最高楼》、《丑奴儿》等咏梅多首。

姜 夔

> 春风十里厌谈兵，淮甸归来梦亦惊。
>
> 正值承平无战事，不然变奏尽秋声。

淳熙三年，姜夔往来江淮间。至日，过淮扬，作《扬州慢》，上距建炎三年金人初犯扬州，已四十余年。

> 野云孤鹤不虚生，无愧南州处士名。
>
> 自述数行残墨在，如何结识尽公卿。

《齐东野语》卷十二录姜夔《自述》，结交皆当世名公。"某早孤不振，幸不坠先人之绪业，少日奔走，凡世之所谓名公巨儒，皆尝受其知矣。"所举有郑侨、范成大、杨万里、朱熹、京镗等二十余人，而与张鉴"十年相从，情甚骨肉"。张炎《词源》称"姜白石如野云孤飞，去留无迹"。

> 一门百指愧妻贤，可要公卿寄俸钱。
>
> 米贵长安居不易，依人作客更年年。

陈造《江湖长翁集》卷五《次姜尧章赠诗卷中韵》："念君聚百指，一饱仰台馈。"悯其有家口之累，曳裾权门。

> 梅花本是返魂香，寄与燕山路更长。
>
> 不待小红低唱罢，旧时月色已沧桑。

宋时称梅花为"返魂香"。姜夔《疏影》咏梅："昭君不惯胡沙远，但暗忆江南江北。想佩环月夜归来，化作此花幽独。"以梅花为身陷胡地之昭君归魂,盖亦暗寓被掳不归之北宋旧宫人欤?

史达祖

断红新绿已春浓,双燕并栖画阁中。

记得踏青风日好,凤头鞋子半弯弓。

史达祖以《双双燕》咏燕驰名,姜夔极称其"柳昏花暝"之句。《东风第一枝》咏春雪结句:"恐凤靴、挑菜归来,万一灞桥相见。"尤为姜夔拈出。见《中兴以来绝妙词选》卷七。姜夔尝为《梅溪词序》,评语当见于序中,黄昇犹及见之,惜全序久已不存。

故国遗民语语悲,放翁泪洒石湖诗。

行程历历燕山道,尚有梅溪使北词。

乾道六年,范成大使金,有《揽辔录》一卷及北行诗七十二首。陆游有夜读《揽辔录》感事,见《剑南诗稿》卷二五。开禧元年,史达祖为属吏随宋使李壁入金贺天寿节,有《龙吟曲》、《齐天乐》、《鹧鸪天》、《惜黄花》、《满江红》等一组北行使金词,途中往返两月。《满江红》云:"趁建瓴一举,并收鳌极。"开禧二年北伐之谋,已首先于此。

玉津园里杀机生,黥面赭衣带枷行。

留别西湖诸词友,柳昏花暝断吟声。

开禧三年,宋金议和。宋杀韩侂胄于玉津园,函其首献于金人。史达祖等堂吏送大理寺根究。未几致黥,贬死。

姜张作序交称许,本集居然未唱酬。

应是两家开禧后,篇篇删净洗前羞。

《梅溪词》有姜夔、张镃二序(姜序今佚),交口称许,姜、张二家集中,却绝无与史达祖往还之迹,盖开禧兵败之后,尽删之矣。陈造《江湖长翁集》卷五《次姜尧章赠诗卷中韵》:"准许高史来,函丈置三席。"高为高观国,史即史达祖,是白石与竹屋、梅溪久有交谊也。

吴文英

夜半传衣事不虚,三宗一祖失之诬。

词家亦见山门盛,谁绘梦窗授法图。

南宋诗家取法江西宗派,亦以词法递相祖述。传授词法盖始于姜夔。杨缵《作词五要》,将词法简约为五条。见张炎《词源》。淳祐三年,吴文英传词法于沈义父,约为四条,论音律、雅俗、用字、发意。见沈义父《乐府指迷》。张炎又有"要诀"四条,见陆行直《词旨》。详见余《宋季三家词法》。

宫里吴王醉不醒,靡廊如响晚山青。

酸风箭径水犹腻,似带襄阳血战腥。

咸淳三年,蒙古围襄阳,吴文英犹及见之。九年,襄阳陷落,吴文英盖此前已卒,不及见矣。

几番时事不堪论,丰乐楼前日色昏。

浅醉湖山无对语,断襟零袂出都门。

"几番时事共论,座中共惜斜阳下",吴文英《水龙吟》送万信州词。万信州,即万益之,南昌人,绍定二年进士,咸淳二年三年,知信州。见《弘治抚州府志》卷九,《万历新修南昌府志》卷十七,《江西通志》卷四九。丰乐楼,在杭州涌金门外,楼高三层,耸立西湖边,杭郡官绅每宴集于此。吴文英《高阳台》(修竹凝妆)、《莺啼序》(天吴驾云)、《醉桃源》(翠阴浓合)诸词,皆作于丰乐楼。宋亡后毁于一炬。方回《记正月二十五日西湖之游十五首》(其一):"来舆去马禁城空,丰乐楼销一炬红。说与吴侬莫惆怅,龙墀犹化梵王宫。"

苏台庚幕十年间,池馆清华日往还。

久别鄾峰长作客,阊门数屋是家山。

绍定五年起,吴文英入苏州仓台幕,居苏州十年。南仓在小城西,北仓在阊门侧。吴文英《鹧鸪天》:"吴鸿好为传归信,杨柳阊门屋数间",即其苏州寓所。吴文英四明人,然梦窗词无作于明州者。盖少小离家,至老未归欤。绍定五年至嘉熙三年,七年间提浙西常平仓司者,依次为王定、曹豳、史宅之。史宅之亦四明人,史弥远子。吴文英有《瑞鹤仙》(记年时茂苑)、《垂丝钓近》(听风听雨)等十首酬史宅之。《姑苏志》卷三:"史宅之,嘉熙二年闰四月二十日,以朝议大夫、徽猷阁待制知平江府兼浙西提举。三年正月一日,召赴行在。"

宋末另有一吴文英,字梦炎,号野舟。入元为紫阳书院山长,见方回《桐江续集》卷一六。

周　密

曾侍紫霞顾曲游,西湖吟社发清讴。

山阳笛与铜驼事,未见蘋洲续集收。

杨缵为宁宗杨后族裔,号紫霞翁,精于度曲,有《作词五要》,于西湖绘幅堂结吟社。周密作词,多受其指点。《蘋洲渔笛谱》,为周密手定词集,皆宋亡前作。张炎《探春慢》"寄草窗"云:"销魂忍说铜驼事"、"旧情懒听山阳笛",为二人相同之晚年生涯。然周密宋亡后词甚少,且未尝结集。今存《草窗词》二卷,乃后人掇拾而成。

忆昔咸淳恬嬉时,承平故态少哀思。

声家亦有梦华录,八卷南音绝妙词。

度宗咸淳时,或称为小元祐。宋亡后,周密辑《绝妙好词》,意在保存当日交游之盛。原本八卷,今传钱曾藏本仅六卷余,亦未见原书序跋。

网罗文献弁阳翁,野语犹传乙部风。

笔下三朝多掌故,癸辛街畔一灯红。

周密晚年勤于著述,有志于备史乘与存文献。《齐东野语》二十卷,可采补南宋实录,实史笔也。尝居杭州癸辛街,有《癸辛杂录》。《齐东野语》多记朝廷大政,《杂录》则琐事杂言,然多存宋末风气。

　　　　君衡已对燕山雪,乐笑曾书金字经。

　　　　惟有老夫潜四水,澄怀独对弁山青。

　　周密故友,如陈允平被召北上,张炎入京缮写金字经,王沂孙亦出为四明书院山长,独周密退隐吴兴弁山,澄怀自若,其号"潜夫"、"野老",盖有其寓意耳。

王沂孙

　　　　枯形阅世越江哀,一片霜飚夜半来。

　　　　蝉败萤单吟更苦,冬青心事费人猜。

　　"枯形阅世",王沂孙《齐天乐》咏蝉语。周济《宋四家词选》指咏蝉诸词为元僧杨琏真伽发会稽宋六陵而作。厉鹗《论词绝句》:"头白遗民涕不禁,补题风物在山阴。残蝉身世香莼兴,一片冬青冢畔心。"

　　　　南北风花一例删,常州诸老采诗悭。

　　　　只缘寄托关宏旨,领袖四家殿碧山。

　　周济《宋四家词选》以周邦彦、辛弃疾、吴文英、王沂孙四家词"领袖一代",于碧山词尤重在寄托,"碧山胸次恬淡,故黍离麦秀之感,只以唱叹出之,无剑拔弩张习气。"

　　　　谁吊御园聚景梅,暗香消尽影交摧。

　　　　六宫北去龙沙远,纵使招魂也不回。

　　景园在清波门外,曾经四朝临幸。亭植红梅。周密有《法曲献仙音》咏聚景亭梅,李彭老、王沂孙继之。

　　　　玉笥山头望六陵,愁云惨淡气嶙峋。

　　　　越中暗写同人集,谱得虫鱼入律新。

《乐府补题》一卷,集王沂孙、周密等十四人词三十七首,赋龙涎香、白莲、蝉、莼、蟹五题。以草木虫鱼入律,近人每为疏证,殊不易易。

张　炎

西子湖边柳作薪,满城胡骑日扬尘。

王孙乞食渡江去,且作四明卖卜人。

宋亡后文士沦落,往往为日者星士,写神卖卜度日。张炎因祖产籍没,四处乞食,尝在四明设肆卖卜。袁桷《赠张玉田》诗注:"时来鄞上设卜肆。"

供奉大都金字经,南归古渡夜扬舲。

时人唤作张孤雁,月黑云深落蓼汀。

至元二十七年,张炎北行为元世祖写金字《藏经》。夜渡古黄河,游大都长春宫,有北游词多首。其《解连环》咏孤雁,或谓乃怀北地故人。若引作自喻,亦无不可。

新刊八卷得真传,浙派始知重玉田。

竹垞岂无英气在,后生不觉胜前贤。

张炎词集有二卷本与八卷本,见《千顷堂书目》。二卷本以调编排,八卷本犹存编年意味。八卷本出陶宗仪手抄,有明成化时井某题辞,为清初朱彝尊所得。李符《山中白云词序》谓"竹垞釐卷为八"。其实八卷为陶抄之旧,非由朱彝尊重编也。朱彝尊为旧抄辨正鱼鲁,龚翔麟刻于白门,其传始广。或谓清初浙派"家白石而户玉田"。然朱彝尊才高气广,曝书亭词取径甚宽,所造盖非张炎所能牢笼。

《静志居诗话》卷二二"张鹿徵"条,谓张氏晚年隐居摄山,山居钞书颇多。"曩造其山居,见案头有手抄宋季张炎叔夏诗集一卷,今其遗书不可复问。"惜当时朱彝尊未向张瑶星借抄付刻,张炎诗词可成合璧矣。张炎诗今仅存咏奉化腰带水一首,见《延祐四明志》七。

怕见啼鹃与落花,湖山历劫走天涯。

集中十九无家别,举目苍茫散暮鸦。

宋亡后,元人杀张炎祖张濡,籍没其家财。此后张炎客游落拓,无可栖止。《长亭怨》等"过旧居有感",所谓"恨西风、不庇寒蝉"也。曾流寓四明、台州、越州、吴中、江阴、义兴、溧阳诸地。今读其词,如读老杜《垂老别》、《无家别》。周密《蘋洲渔笛谱》无宋亡后作,张炎《山中白云词》则无宋亡前作。

温庭筠

因辱改名槚楚哀,官终助教愿尤乖。

应知当世无曹瞒,却识陈琳是霸才。

温庭筠本名岐。少时客游江淮,为亲表槚楚,由是改名,见《北梦琐言》卷四。官终国子助教,《花间集》称为"温助教"。《过陈琳墓》云:"词客有灵应识我,霸才无主始怜君。"盖亦自悼。

缨络纷披菩萨蛮,一歌双叠舞姗姗。

词坛假手开新例,十上才高一第难。

令狐绹假手飞卿作《菩萨蛮》词,密进宣宗。然温庭筠累年应试,未获一第。且因为人假手作赋,以搅乱科场获罪,见《唐摭言》卷十一。

河湟已失百余春,大食波斯隔战尘。

水精颇黎帘共枕,舶来满目海西珍。

《菩萨蛮》词"水精帘里颇黎枕",两者闺中珍品,当皆来自阿拉伯。河湟尽陷后,盖从海道来华。

风流词句谱新声,独步花间擅盛名。

不料钟馗多丽藻,精工能否八叉成。

温庭筠"貌寝",号"温钟馗",诗赋敏捷,八叉手而成八韵。其词出于精思,岂亦能急就。

韦庄

春水画船昔昔谙,词人自合老江南。

满楼红袖谁招得,已插三丈入蜀帆。

韦庄四十八岁游江南。《菩萨蛮》云:"春水碧于天,画船听雨眠。"乱后得此净土胜地,胜于天上人间矣。二句真天生好言语,情境不让白居易"春来江水绿如蓝"。其奉使入蜀,则在六十岁后。《菩萨蛮》"红楼别夜"五首,乃一组联章,为光启三年(887)春自江南重返洛阳时作,时韦庄五十二岁,见余所作词笺。

五陵裘马帝乡行,秦妇吟成失两京。

惟记谢娘花下别,梦余残月照边城。

《秦妇吟》作于中和三年(883),在洛阳,时年四十八。此后即流离不归。《望远行》"残月照边城",或谓边城指成都。

画堂咫尺别前姬,寻得浣花旧址栖。

数载平章西蜀事,可曾筑就太平基。

《浣溪沙》"咫尺画堂深似海",乃忆长安故姬,盖怀京之作。天复三年(903),于成都浣花溪寻得杜工部旧址,芟荑结茅,筑室其上。见韦蔼《浣花集序》。天祐四年(907),王建称帝,为门下侍郎同平章事,已入暮境。《感怀》诗云:"大道不将炉冶去,有心生筑太平基。"

情知神女亦生涯,残月晓莺别谢家。

拈出花间高格调,一枝春雪冻梅花。

李冰若《栩庄漫记》谓《浣溪沙》"一枝春雪冻梅花",视"滴粉搓脂"以为美者,何啻仙凡。"滴粉搓酥",宋左誉咏韩世忠妾张秾,见《玉照新志》卷四。

西蜀词人

富艳真如蜀锦张,温柔最数薛涛坊。

日光长照沉香阁,几辈才人齿颊香。

蜀国君臣不解忧,锦江日夜醉妆游。

者边花柳那边酒,那管降幡出益州。

蜀后主王衍《醉妆词》:"者边走,那边走。只是寻花柳。那边走,者边走,莫厌金杯酒。"按王衍于咸康元年(925)三月,作"醉妆",见《蜀梼杌》卷上,十二月国破降后唐,次年被杀,年仅二十八。

浮艳力禁学退之,数章讽谏乐天诗。

缘情惟有倚声集,留与词家一脉传。

牛希济《文章论》推崇韩愈,"是知浮艳之文,焉能臻于理道",主张"退屈、宋、徐庾之学","使圣人之旨复新"。欧阳炯"尝拟白居易讽谏诗五十篇以献,(孟)昶手诏嘉美"。见《宋史·西蜀世家》。花间词人诗文皆正统,而词独缘情绮靡,如出两途。

香象渡河水脉甘,双双孔雀舞山岚。

若非使节来西蜀,焉有风情咏越南。

李珣、欧阳炯皆仕蜀,然两人所作《南乡子》数首,多咏岭南风物,若大象、孔雀、猩猩、刺桐之类。时西蜀与南汉使臣及经贸交往频繁。南汉于乾亨元年(917)建国,本号大越。西蜀与南汉,互为犄角,以御中原。西蜀亡后,南汉犹存世十年。开宝四年,为北宋所灭。

冯延巳

柳眠三起至登庸,兄弟名留五鬼中。

才德不称寻常事,南都剩有乐章工。

冯延巳三度拜相,三度罢相。西蜀鹿虔扆、欧阳炯、韩琮、阎选、毛文锡等，以词供奉后蜀后主孟昶，时人号曰"五鬼"，见《十国春秋》卷五六。南唐则目冯延巳、冯延鲁、魏岑、陈觉、查文徽为"五鬼"，见马令《南唐书》卷二十《党与传》。然所云未必尽确。

　　风吹双鬓燕归迟，中酒心情只自知。

　　独立小桥人静后，无声最胜有声时。

　　《鹊踏枝》"独立小桥风吹袖，平林新月人归后"，风姿超绝，亦"此时无声胜有声"也。

　　南唐文气贵清雄，富艳无如蜀锦工。

　　本与花间浓淡异，一池春水不禁风。

　　南唐词与西蜀词，浓淡各异，不关地域，而在自然禀赋。

　　国事日非未可为，北风乍起势更危。

　　赋词幸有闲情在，不见重瞳面缚时。

　　冯延巳卒于建隆元年（960），后十五年，南唐亡。李煜一目重瞳子，见陆游《南唐书》卷三。开宝八年（975），宋军入金陵，李煜白衫纱帽出降。见王陶《谈渊》。

李煜

　　一朝归顺失家山，月冷秦淮客梦还。

　　老卒相依终日坐，谁怜洗面泪潸潸。

　　李煜归降后，在汴但一老卒守门，有旨不得与人接，终年无客。有与金陵旧宫人书曰："此中日夕，只以眼泪洗面。"见王铚《默记》卷上及卷下。

　　别番滋味在心头，不是寻常离乱愁。

　　帝位不居称国主，到头违命亦封侯。

　　中兴元年（958），南唐去帝号，称国主。李煜降宋后，封为右千牛卫上将军违命侯，时年四十岁。

　　辛苦诗文几卷存，繁华事散了无痕。

　　词中南面谁能替，沾溉才流百辈恩。

李煜有文集三十卷,《杂说》百篇,皆已亡佚。

拨镫撮襟翰墨香,图书御鉴更琳琅。

汴京宫内新三馆,多是南唐旧日藏。

李煜书画兼精,工拨镫法、撮襟体。《宣和画谱》记御府所藏李煜画九。其书法刻于《淳熙秘阁续帖》,董其昌有临本,刻于《剑合斋帖》。有《临江仙》词(樱桃落尽)及李白五古三首。宋取南唐藏书十余万卷,分布三馆及学士院。其书多校雠精审,编秩完具,见马令《南唐书》卷二三《朱弼传》。

附　录

追怀瞿禅师

浙江美院夏子颐教授示以珍藏瞿禅师手书诗词长卷,拜诵再三,低回无已。紫霞仙去,已逾一纪,仰望云山,谨题四绝于后。

铜琶铁板久无音,赖有清商白石吟。

江左词星惊殒落,旧时月色更冥冥。

师壮岁专治白石词,尝谓白石清刚一派,与婉约、豪放鼎足而三。

独开史局谱花间,紫色蛙声放手删。

留得严陵清操在,春江长绕月轮山。

唐宋十种词人年谱,初成于严州,定稿于钱塘江畔月轮山。以年谱体例考订词人行实,年经月纬,条分缕析,承史家之专长以治词史,唐宋词始得有序论次,得观通变。

壮游两戒兴无俦,一线黄河落马头。

毕竟家山三宿恋,天风归去伴龙湫。

师壮岁客游西北,"马头一线落黄河"为此行名句。晚年居北京朝阳门外,题所居为天风楼。"与君今日无他愿,白首同归雁荡山"，虽晚年所赋，实为一生宿愿。

几生修到住西湖，独有词心接大苏。

八卷人传新浙派，而今不让小长芦。

浙江所刊《夏承焘集》八卷，平生著述，大都汇集于此。小长芦钓师，朱彝尊号。

缪彦威教授九十寿辰

一九九二年十月

心史纵横自一宗，醇醇重睹昔贤风。

比年乞得灵谿水，水瑟冰墩总荡胸。

灵谿，出郭璞《游仙诗》。彦威教授与叶嘉莹教授合著《灵谿词说》。

不教伪体乱风骚，玉想琼思又入箫。

别是一家烦指点，剑南一老独岩峣。

谒唐圭璋先生南京寓所

一九九〇年九月

风骨凛然话旧京，过江名士一毫轻。

只须夜半扪心在，莫为鸡虫了此生。

唐先生言及抗日时至南京受伪命者，辞色甚厉，如判千秋重案，其情景令人难忘。曩读章学诚《文史通议》论浙东学术，"学者不可无宗主，而必不可有门户，故浙东浙西并行而不悖也"。

不轻北派重南宗，南北论文一例同。

拂拂座间春气动，至今白下仰高风。

近人论词，或主重拙大，或主小轻巧。其实词出多门，体性各异，不必勉为一轨。座间有论及者，故志于此。

临江仙

施蛰存师百岁华诞　二〇〇三年十月

万卷藏身身不坏，照人骨冷神清。百年已似历三生。无须黄马褂，不上九重城。　　自昔云间高日下，大音岂必希声。秋风过客漫纵横。弦歌寻旧地，鸾凤试新嘤。

蛰存师云间人。"日下荀鸣鹤，云间陆士龙"，乃陆云与荀隐在张华座间对语，见《世说·排调》。

又

敬挽蛰存师　二〇〇三年十一月

白玉楼高辞不就，去留心迹双清。晚霞如火四窗生。天风吹衣带，送上大罗城。　　低首湘真传一脉，人间再奏新声。尘寰俯视意纵横。门墙依恋处，百鸟正嘤嘤。

陈子龙，号湘真，为云间先贤，师所推尊。尝手订《陈子龙诗集》、《陈子龙文集》付刊。录云间词人小传，多至二百八十余家。

挽吴战垒

二〇〇五年二月

严迪昌、吴战垒皆年少于余而先期殂谢。每诵晏小山《临江仙》"东野亡来无丽句，于君去后少交亲。追思往事好沾巾。"（语出张籍《赠王建》诗。东野，孟郊。于君，于鹄）悲从中来，无可自戢。二君同罹绝症，战垒病复尤亟。

执卷相从四十年，浙中才调独清妍。

狂飙一夕排闼入，顿折幽兰雪后弦。

战垒1963年杭大毕业，四十余年来，相知甚契，话头都合。

渺渺心魂不可抬，万千哀乐总飘萧。

西风吹旧南屏路，日短如冰冷六桥。

新作《新建雷峰塔记》、《恒庐学记》，文情郁茂，为湖山增色。

海气荡胸势欲飞，肝肠盘郁笔锋奇。

论诗题画俱高手，掷罢霜毫竟不归。

论书论画，卓然独识。又精于古瓷鉴识，收藏甚富。

纵横才略几人存，傲兀诗风迥不群。

赖有传家儿女在，重排梅情石瘦文。

遗文将由女吴蓓子吴敢编集。

3月26日，作《怀念严迪昌先生》。

全文曰：

我与迪昌兄结交逾二十年。他博学多才，见解犀利，卓尔不群，乐于助人，因而一见如故。先是在南通、南京与杭州几度放怀畅叙，1986年他调到苏州大学以后，则至少一年一度彼此往来于苏杭两地，对他的为人与治学遂相知日深。

1983年，他在南京大学协助程千帆先生编纂规模弘大的《全清词》，向全国各地征集清词刊本。我将杭州大学所藏清词，全部复印了寄给他。借此机会，我也得以遍览浙江图书馆收藏的种种清词善本。在这之前，我虽读过若干清名家词，但只是出于爱好。及至看到了数百种清词珍品，尤其是明末清初动荡年代那些忧愤深广之作，有着与宋词多么不同的音响色泽，不禁引发了转治清词的念头。后来续有所得，打算写一本《明清之际词派研究》，实在是出于迪昌兄当初的启发与指引。

二百六十多年间的清词，也称得上是有清一代之胜。饶宗颐先生有《论清词在词史上之地位》一文，认为"词之有清，等于诗之有宋。以诗况词，宋词可抵唐诗，清词可抵宋诗，故清词之地位，可与宋诗比拟相等"。迪昌兄一生致力于清词研究，更认为清词是"一代新词"，不是唐宋词的回归，具有宋词之外的另一种"新质"。清词以数量言，全清词人逾万，多过两宋词人五倍；词作超过二十万，尤为全宋词的十倍。以大家名家言，清代词人各有独造而为两宋词人所不能掩者，亦不下十数。但是汇集整

142

理清词这么夥颐魁硕的文化遗存,三百年来竟无人措手。而且时代愈往后,其困难必然愈多。首先无所依傍。乾隆时的《四库全书》,清词总集仅收孙默所刊《十五家词》一种,别集仅收曹贞吉《珂雪词》一种。《国朝词综》及其续编、补编,皆旨在存人与选词,不收完整的部帙。其次是文献放佚。由于迭经战乱、历朝禁毁和公私藏书失收,清人词集自然愈传愈少。1929年叶恭绰先生发起编选《全清词钞》,征集到清词三千种左右。至于编纂《全清词》,其启动则又在几经变乱的五十年之后了。近年出版王绍曾先生主编的《清史稿艺文志拾遗》,号称赅备,累计著录清人词集一千九百六十八种,存世清词实已不足二千了。我们衷心感谢千帆先生和迪昌兄等《全清词》编纂研究室的同仁,他们及时立项,周密规划,精心编集,终于使《全清词》中的《顺康卷》首先问世。1994年由中华书局先出二册,2002年煌煌二十册八百余万字全部出齐。

　　清词之盛,一在清初,一在清末。李一氓先生生前钟情清词,富于收藏。其《瑶华集》跋谓:"言清词而不重清词初期,则有清一代无词。"对清初词特别推重。清初即指顺治、康熙两朝,历时近八十年。《全清词·顺康卷》收录词人二千一百家,词五万余首,数量已远远超过一部《全宋词》。沧桑易代之后,身丁巨变的清初词人又经历了南北几次牵连极广的大案大狱,在历劫磨难中不断积蓄的惊惶、郁怒、失落、悲怆之情,尽发于词,展示了清初词人一个特殊的心路历程。在顺康盛世普庆升平之余,另一种与之不谐和的变风变雅或许正是当时不断弥漫的主旋律。清末则包括道光至宣统五朝。中国正经历着前所未有的社会剧变。六十余年间,中经两个庚子年,即1840年与1900年。迪昌兄即以此为近代词的前后标志。前一个庚子,鸦片战争爆发;后一个庚子,八国联军入侵北京。龚自珍的《庚子雅词》和王鹏运的《庚子秋词》,"架起了前后两个庚子之间绚烂的词史画卷"。在完成《全清词·顺康卷》初稿之后,迪昌兄又以历年冥写晨钞,辛勤搜求所得,独立编成了《近代词钞》三大本,计收近代词人二百零一家,词五千五百余首,凡一百五十万字,并为每个词人写了评传,"备见近代词整个面貌"。1996年由江苏古籍出版社出版。清词最为辉煌的两端,清初词的全貌和清末词的概貌,就都经迪昌兄之手而再现当世,两者都与清词研究有奠基之功。这是深为迪昌兄庆幸的。

《清词史》是迪昌兄在清词研究中的又一重要贡献。他在《全清词·顺康卷》初稿交出后开始动笔,重点自然是清初与清末,实现了他素来"审辨史实,全景式探求流变"的主张。他写这近五十万字的专著并不费时,不过自秋徂冬四个月,但写得气脉舒张,笔酣墨饱,痛快淋漓。这不能不归因于作者的久蓄于中与持满而发。1990年由江苏古籍出版社出版。我在得到赠书后就穷日夜读完。除了知识广博,议论、考证俱见精彩外,更令我敬佩的是贯穿于全书的作者独具的"史识"与"文心"。迪昌兄熟谙清代史事,但他往往更多地从清词中感受其所折射出的世道人心,从而唤起内心的强烈共鸣。杜甫诗云:"怅望千秋一洒泪,萧条异代不同时。"清代词人与异代知音之间所建立起来的无形纽带,使这本《清词史》具有一种令人感奋的勃然生气。

迪昌兄研治清词还撰有几种重要的副产品。如《阳羡词派研究》(齐鲁书社1993年出版)、《近现代词纪事》(黄山书社1996年出版)。另外《清代三千词人传略》、《清代词人疑年录》及《清三百年词人年谱汇编》多种手稿,希望能及早整理出来。

继《清词史》之后,迪昌兄又写了一部《清诗史》。清诗同清词一样，也超轶元明，号称"中兴"。清人诗集目前尚可得见的不下四千种，诗人更以万数。清诗专集，李灵年、杨忠两先生主编的《清人别集总目》，柯愈春先生的《清人诗文集总目提要》等书，皆有著录。清诗受到的关注，一向甚于清词，清诗研究的基础因而也较清词更为丰富厚实。较早的如邓之诚先生《清诗纪事初编》，晚近的如袁行云先生《清人诗集叙录》，皆论述有序，取材弘博，发明众多，尤长于以诗证史，诗史互证，某种程度上也可作为一种清诗史来读。1992年我路过苏州，迪昌兄正冒着盛暑，挥笔不休，数月间写成了与他的《清词史》堪称合璧的《清诗史》全书八十余万字，比《清词史》更为增广。经过数年耽搁，先在台北初版，2002年由浙江古籍出版社重排再印，大陆读者是在此书定稿十年后方始读到。

优秀的学术著作决不随人俯仰，与俗沉浮，而是善于张扬学术个性，保持著书立说应有的独立品格。迪昌兄的《清诗史》，一面从宏观上梳理整合清诗二百多年间的风会流变，一面在具体论述中对各个阶段的代表性作家进行族群考察和艺术定位，力求复原清代诗人在特定环境下的文化生态与诗性精神。书中独特的视角、新颖的命题，乃至别具一格的结构布局，在有关清诗的同类著作中显得那么不同凡响，令人感到迪昌兄对清代文史理性沉思所不断取得的新收获。

从《清诗史》中还可看出迪昌兄为自己设置的一些新的研究风标。主要是从地域文化和家族文化的角度拓展研究领域。明清以来，包括苏浙皖在内的所谓江南地区，原有的文化强势日益集中提升，江南文化的地域特色已被普遍认同，而后世绵延的文化世家自然是江南文化根基深厚的重要支柱。这是研究清代文史不能不予特别关注的。另外，迪昌兄除了进行纵向的史的研究,他还打算倾注心力作横向的个案研究。近年来他和我多次无拘束地长谈,对上面说到的这两层用意再三进行讨论。收在这本论文集中的,就有多篇实践他的主张。经他指导的几位及门博士,也正在继续为此做出扎实的成绩。

迪昌兄曾于知命之年,"发愿成有清一代诗、文、词三史"。清词、清诗二史业已传诵于世,为清文作史,可惜只能留待有志于此的后继者了。

由于一生劳瘁,迪昌兄去岁不幸盛年早逝,我感到十分悲痛,当时写了一副挽联以表哀思:"一见诧神交,东南弟子倾风采;数奇憎命达,吴越宗师叹莠榛。"现在他的夫人曹林芳女士将迪昌兄历年发表的单篇论文结集出版,嘱我在书前写上几句。兹略记迪昌兄的学术生涯与往昔交往,再次表达我对他的尊敬与悼念。2004 年 3 月 26 日于浙江大学。(《严迪昌自选论文集》,中国书店,2005 年)

6 月,指导李越深完成博士论文《云间词派研究》的写作,并举行论文答辩。答辩委员会主席为王水照教授,成员为吴熊和、陆坚、陈铭、肖瑞峰、沈松勤、林家骊等教授。

暑期,为钱建状《南宋初期的文化重组与文学新变》作序。

《序》中曰:

建炎南渡,不但是朝廷由北而南,而且还是一次文化大迁移。由此带动文化版图的重组与文化中心的再建,在文化史上起着长远而持久的作用。

中国历史上三次衣冠南渡,都伴随着自北而南的文化迁移。

第一次是永嘉南渡。西晋沦亡后,东晋定都建康,文化迁移就相伴而行。大批北方士族避乱南下,原先北重南轻的文化格局因而被颠倒了过来。王导、周颉诸人对泣新亭;谢安、孙绰、王羲之四十余人永和九年修禊于会稽山阴之兰亭；支道林等二十高僧，孙绰、王羲之等十八高士于剡县沃洲山禅院游息休止，就是南渡名流胜士的几次有名聚会。长江中下游尤其是江浙一带，是南渡士族流寓与聚居之地。这些南方的名都大邑，就取代旧时的京洛，上升为文化版图上的新亮点，构成了经历重组后的文化板块。同时，丧乱之余的北方名士，栖托于江南的佳丽山水，中国文学中蔚为大宗的山水诗遂应运而生，会稽山水、永嘉山水、宣城山水，这些东南名胜，开始在南北文人的笔下，从自然形态一一进入了艺术形态。晋代士族可分两类。一类依仗政治权力高踞要津，所谓"君子之泽，五世而斩"，主要是指这类世家大族而言。一类是既有地位且富学养，在文化上有所建树。他们就与前者不同，往往世泽绵延，成为维系文运的文化士族。王羲之、谢灵运等人固然属于"王谢子弟"，但他们却是保持文运不衰的文化士族的重要成员。

第二次是唐五代士人南渡。唐代士人南渡，始于安史之乱。杜甫入蜀，李白南下江陵，二人最后都死于南方。唐末五代，黄河流域长期陷于战火。文化古都长安、洛阳，这两颗明珠同皇冠一起被打落在地。长安宗社倾覆，残破日甚，洛阳武人盘踞，无异犬狼窟宅。投奔西蜀或江南，则是北方士人逃离本土避乱免祸的上佳选择。西蜀本是关中的大后方，与中原阻隔。"是时唐衣冠之族，多避乱在蜀。蜀主礼而用之，使修举故事，故其典章文物有唐之遗风。"（《资治通鉴》卷二六六）江南富庶而安定，南唐、吴越都能保境安民。北宋苏绅曰："唐季之乱，四方豪杰与京都士族往往避地江湖。（南唐）李氏能招携安辑之，故当时人物之盛不减唐日，而文风施及后裔，今显名朝廷者多矣。"（苏颂《苏魏公文集》卷五五《龙图阁直学士知成都府李公墓志铭》）西蜀词与南唐词，就是在这种文化背景下超轶出群的。《花间集》编者赵崇祚，即自中原入蜀。《花间集》十四个前后蜀词人中，来自北方的多达八人（陈尚君《唐代文学丛考·花间词人事辑》）。温庭筠孙温颐，也入蜀仕至常侍。温庭筠与韦庄，都曾到过江南。韦庄《菩萨蛮》："人人尽说江南好，游人只合江南老。"不仅是韦庄个人的真诚表白，也是当时游历江南的士人共同体验。扈从过唐昭宗的韩偓，还避地入闽，定居于泉州。多少惊魂未定的漂泊者，在南方的都市繁华与山水流连中找到了自己的归宿。

文化迁移，既有直流单向的，又有交互双向的，但主要是双向乃至多向的。在南北分裂与北方战乱时期，自北而南的单向自然居多。到了国家统一之后，则转为由南返北的文化回馈与南北文化的双向交流。隋及唐初，六朝文风盛行于北，就是北方文化长期处于弱势未能取得平衡的表现。宋初的汴京，文化上不免仍是荒漠。三馆藏书与教坊乐队，几乎全部取自南唐。徐铉等文学侍从，大都为江南旧臣。柳永、张先、晏殊、欧阳修先后入京，宋词始盛。唐宋八大家中，北宋六家，三人来自江西，三人来自蜀中，均非北人。汴京作为文化中心，正是由于南方文化的反馈和南北文化的进一步融合造成的，终于造就了北宋一代人文之盛。

第三次就是建炎南渡。比之晋末和唐末，这是一次规模更大、影响更为深远的文化迁移。

靖康之变后，北宋文化有两个流向。一是北上。汴京的宗庙供器，馆阁图籍，百工伎艺，教坊乐工，乃至西夏进贡书本，尽数为金人所取，掳掠而北。先前使金被留的宇文虚中、吴激诸人，也被列为金代文士的中坚。一是南下。宋兵溃退之际，衣冠之族率皆挥泪告别乡梓，举族南迁。山东如巨野晁氏，河南如韩氏、吕氏，都是南迁的著名文化士族。他们不仅广布于两浙、两江地区，还远及两湖、福建和岭外的两广。南北文化版图至此发生了重大的转折性的变化。业已积淀坚实丰厚的南方文化，在宋室南渡之后，由于南北文化的进一步汇聚交融和南方文化中心依次的建立，在史学、文学、理学、绘画、建筑、宗教以及百工伎艺等众多方面的实绩优势和长远后劲，就日益显现出来。

南北文化交互消长盛衰，自然与河山易代之际的文化迁移有关，但并非全是文化迁移所造成，至少不是唯一的因素。西晋之后，先后在北方立国的匈奴等五个少数民族，文化上远未臻于文明之域，自然无力也无暇参与填补文化南移所留下的巨大空缺。隋唐统一以后，才有可能整合南北而重建灿烂的华夏文化。唐末五代政权，都掌握在专横跋扈的武人之手，不能指望北方文化在屠刀下得以保护和恢复。重建统一文化是北宋定都汴京之后所确定的宏伟目标。取代北宋入主中原的女真族，文化上无疑有较快的进展，但在中土精英流失之余，与于斯为盛的南宋文化终究难以抗衡匹敌。即使在元代建立起空前的大帝国后，崛起的南方文化始终保持着自己不可阻遏的优势。

另一方面，北方文化的日趋衰落其实南渡之前早已开始，而南北对待文化的不同态度，使文化上原有的鸿沟随之而不断扩大。在洛阳司马氏政权之下，先是何晏、嵇康等人被杀，天下名士去其半。"八王之乱"中，张华、潘岳、陆机、陆云等又相继遇害。西晋文化，实际上先于宫门外的铜驼埋葬在荆棘与血泊之中。唐末五代的文人命运，与兵祸连结相终始。只有冯道这样的人，厚颜取容，历事五姓，居然自命"长乐老"，为人不齿。北宋文化，自景祐到元祐这六七十年间，达到极盛。蔡京专权后，立党人碑，禁元祐学术，诏毁苏、黄等诸家文集，甚至私人书札凡有违碍者都被检举论罪。新旧党争终于发展为一场文化灾难。宋徽宗与蔡京，本身也精于艺事，但包括设议礼局、立大晟府以制礼作乐的所谓"宣政风流"不过是粉饰太平的亡国之前的虚火潮红。"靖康之变"对于当时的朝廷来说，不能不认为是咎由自取。正气消铄的北宋文运，至此亦确实难乎为继。与之相比，东晋的文治简约宽容，西蜀江南好文礼士，南宋之初号称"中兴"，推尊元祐，广泛起用忠贞名节之士，士气峥嵘，民心可用。新的环境孕育着新的生机。三次南渡，在文化上亦为存亡续绝，中土文化易地生根，从而获得新的转机，实现新的进展。（钱建状《南宋初期的文化重组与文学新变》，厦门大学出版社，2006 年）

11 月，《临江仙·为蛰存先生送行》收入《词学》第 15 辑，华东师范大学出版社出版。

12 月，《唐宋词汇评（两宋卷）》（与李剑亮、陶然、沈松勤、胡可先合著）由浙江教育出版社出版。撰写《前言》。

《前言》全文曰：

近两年，我的工作主要是试图为《全宋词》编年开个头。

宋人诗集，尤其是大家名家的，不少是亲自编定并按年代为序编排的。他们的生平行迹由此可以得其大概。这为后世研究宋诗带来莫大方便。为宋人作年谱传记，往往赖此而能够做到翔实可信。唐人诗集很少提供这种先例。像白居易那样兼用分类与编年的方法，亲自编定《白氏长庆集》，仅是个别的例子。李白、杜甫的诗集则由宋人不断采集而终于完善的。其编年更要到清人近人手中才大体藏事。宋人词集，与宋人诗集的情况就大为不同。由于北宋诗文集概不收词，北宋诸家词集均别出单行。北宋词人别集，如张先作序的晏殊《珠玉集》，黄庭坚作序的晏几道《乐府补亡》，张耒作序的贺铸《东山乐府》，周邦彦、田为作序的万俟咏《大声集》，皆世无传本。原书如何编定，不得其详。现传北宋词集，或按宫调编排，或按词调编排，大都为南宋时传刻。诗文词合编至南宋已经盛行。南宋人的词集就每附诗集印行。但两者的编排体例仍然有别。陆游《剑南诗稿》八十五卷全是编年的，《渭南词》两卷则分调而无年月之序；范成大《石湖诗集》三十四卷也是编年的，《石湖词》两卷仍分调而列。南宋词集编年的也有数家。魏了翁《鹤山先生大全集》卷九十四至卷九十六为词集，共一百八十六首，大体编年。《开庆四明续志》卷十一、十二录吴潜诗余两卷，一百零七首，为宝祐四年丙辰至开庆元年己未守庆元时作，后人辑为《履斋诗余》，年代亦一一可考。郭应祥《笑笑词》一百二十余首，起于开禧元年，终于嘉定三年，亦依作年为序。但按调编排，一直是南宋词集的通行惯例。南宋编定的近百家词集，大率有分调而无编年。诗集编年使历代研究者获益良多，词集分调井然而时序错乱，且为了解词人行实与作品时地造成重重障碍。

不过，有些宋人年谱在为谱主诗文编年的同时，也偶及其词。王宗稷《东坡先生年谱》、傅藻《东坡纪年录》，于苏词即是如此。清代王文诰《苏诗总案》，踵事增华，搜讨甚广，实际上就包含《苏词总案》在内。有了这些凭借，1910年朱孝臧完成了《东坡乐府》的第一个编年本，后刊于《彊村丛书》。

二十世纪的词学研究超轶以往。许多信而有征、烛幽察微的有关两宋词人的年谱考证与词集编年络绎问世。夏承焘先生之于《白石词》、邓广铭先生之于《稼轩词》、罗忼烈先生之于《清真词》，皆难度甚大而创获丰硕，沾溉后人，足为典范。但是，剩下的难点空白点仍然不少。像北宋的柳永、南宋的吴文英这样的重要词人，均因名位不彰，文献匮乏，至今没有取得令人满意的研究成果。傅璇琮先生主编的《唐才子传校笺》，汇聚和综合了当今对唐代诗人近四百家的最新考索所得。宋词研究中，也应该有类似且具有一定规模的著作继之而起。

七十多年前，夏承焘先生曾打算从宋词中选取十家，"为白石、稼轩、山谷、淮海、片玉、乐章、龙洲、后村、东坡、六一诸大家作疏证，名《十种宋人词疏证》(夏承焘《天风阁学词日记》1929年8月30日，《夏承焘集》第五册第116页，浙江古籍出版社、浙江教育出版社1997年版)。《白石词》一种先成，另外九种，或因其他学者着鞭在先，或精力转移，因循未果。然而，现今为两宋名家词作疏证且有编年的，远过于上述十家，业已问世的不下二三十种。稼轩、片玉、东坡及李清照的《漱玉词》，且有多种编年本。尽管各有短长，都反映了当代词学研究所取得的新进展。学术是需要不断积累的。没有历代研治宋史所夯实的深厚基础，没有包括近年来词学研究的一系列收获，是不敢不知轻重地贸然妄言为《全宋词》编年的。

因此，现在需要做的，一是为已有宋人词集编年聊为补苴，二是把有待编年的范围扩大到《全宋词》。从前者来说，它不过是继续，即继续做前人未做完的事。从后者来说，它又是开始，即开始在更大范围内为宋词编年。这是一项基础性的工作，绝非一朝一夕之功。又仅期待天假以年，更期待乐于此事的年轻俊彦来最终完成。

短期内写出的若干宋词编年，选择部分作为本书附录。从这些部分编年中，可以有不少有益的发现，开辟一些应知而未知的领域。这里试举数例。

首先，以诗证史，诗史互证，是唐诗研究中常见的研究方法，已有许多出色的学术范例。这种方法同样适用于宋词，夏承焘先生的《宋词系》与《龙川词校笺》，就词、史互补，相得益彰。兹从宋词编年中试举两例。

李纲有一首《江城子》"池阳泛舟作"（《全宋词》第二册第906页，中华书局1965年版），作于宣和三年（1121），涉及方腊起义。李纲时自南剑州罢职回乡，方腊军占领杭州后，闽浙到无锡的道路为兵火所阻，不得不远道迂回，从九江辗转经繁昌、芜湖、铜陵江行至建康。词的下片云："梁溪只在太湖东。长儿童。学庞翁。谁信家书，三月不曾通。见说浙河金鼓震，何日到，羡归鸿。"这是北宋末年的方腊起义在宋词中留下的一个引人注目的踪影，时代感很强。

端平入洛是南宋后期的一个历史转折点，为宋与蒙古战争的开端。端平元年（1234）七月，宋军乘金亡北上，进抵洛阳。李曾伯随淮西军达颍州，中秋于颍州南楼作《喜迁莺》（轻云暮卷）词（《全宋词》第四册第2806页）。颍州向为晏殊、欧阳修、苏轼等北宋词人游宴之地，颍州西湖更常见于北宋吟咏。在沦陷二百余年后突然再现于李曾伯词中，值得南宋词史为此提上一笔，也是端平北伐在词中留下一个史迹。李曾伯还有《醉蓬莱》"丁酉春题江州琵琶亭，时自兵间还幕，有焚舟之惊"（《全宋词》第四册第2787页），作于嘉熙元年（1237）；《水调歌头》"乙巳九月寿城获捷，和傅山父《凯歌》韵"（《全宋词》第四册第2799页），作于淳祐五年（1245），都为抗元前锋纪实，可补史书之阙。

其次，有些词人生卒年，向无可考，可从宋词中找到依据。亦举两例。

晁公武《郡斋读书记》是版本目录学名著，历来嘉惠士林。晁公武《宋史》无传，李焘曾撰《晁公武墓志》，惜已久佚。故他生于何时，苦无可考。清钱保塘《晁公武事略》，搜采甚备，生卒年仍付阙如。近人孙猛《郡斋读书记校证》，于前言中推断他"大约生于宋徽宗崇宁年间（1102—1106）"（《郡斋读书记校证》第 1 页，上海古籍出版社 1990 年版），亦无实据。《全宋词》从《翰墨大全》丁集卷一辑得刘光祖《沁园春》"寿晁帅七十"（《全宋词》第三册第 2065 页），则为此提供可靠依据。刘光祖（1142—1222），字德修，简州（今四川简阳）人。乾道五年（1169）进士。赵万里辑有其《鹤林词》一卷。乾道四年三月，晁公武为四川安抚制置使兼知成都，故刘光祖寿词称为"晁帅"。乾道六年三月，罢安抚使。八月，除淮南东路安抚使兼知扬州，刘光祖这首《沁园春》，即作于乾道五年，晁公武是年七十岁，据此上推，则生于徽宗建中靖国元年（1101）。比孙猛的推断提前。晁公武的生年遂此确定。

　　吴文英的卒年因无确据，一直难定。夏承焘先生《吴梦窗系年》疑其卒于景定元年（1260），且谓："吴潜被毒死与贾似道造后乐园，皆在景定三年（1262）。度宗即位，嗣荣王赵与芮加封武宁军节度使，在景定四年，梦窗集中皆无一语，疑其已不及见。兹定梦窗卒于此年前后。"（夏承焘《唐宋词人年谱》第 477、478 页，《夏承焘集》第一册）按吴文英有一首《水龙吟》"送万信州"（《全宋词》第四册 2880 页）。信州，治今江西上饶。万氏为谁，朱孝臧《梦窗词集小笺》，夏先生《梦窗词集后笺》，杨铁夫《吴梦窗词笺释》皆无考。从新近出版的李之亮《宋代郡守通考》终于找到答案。其中《宋两江郡守易替考·信州》，度宗咸淳元年至三年（1265—1267），知信州为万益之，并引《江西通志》卷四九："万益之，南昌人，绍定二年（1229）黄朴榜，信州太守。"（《宋两江郡守易替考》第 204 页，巴蜀书社 2001 年版）由此可知，至少万益之于咸淳元年赴信州任时，吴文英犹在世。《水龙吟》起句："几番时事共论,座中共惜斜阳下。"以"斜阳下"喻国运衰颓,是吴文英暮年忧患之心。他与万益之"时事共论",或许正包括吴潜被毒死诸事在内。

从宋词编年中收获的当然不止上述这几条,对《全宋词》进行编年不是为了一时一家,而是有便于对宋词作整体的综合的研究。本书采用的也只是初步考索所得。《全宋词》编年待成书后单独出版。

本书的编撰宗旨体例,见于《编撰说明》,无须多赘。这里只就编年部分再作补充介绍。本书的编撰历时多年。浙江教育出版社郑广宣先生一直给予关心帮助,热忱可感,并此致谢。吴熊和。2004年6月19日。

宋红《评〈唐宋词汇评〉》曰:

翻读六大册《唐宋词汇评》之初,便深觉此书的学术质量大大超出我的心理预期。因为书中所包含的内容远不止选词与汇评两项,不是简单的资料汇编,还包括对最新词学研究成果的把握和主编者尚未独立发表的研究成果。书中在词人"小传"下根据具体情况设"传记资料"、"年谱"、"著述"、"序跋"、"总评"、"附录"等项;下录作品,每首作品下设"编年"、"本事"、"汇评"、"考证"、"附录"等项,每一项类的有无、多寡,俱因文事而异,并不强求一律。在相关资料中,编者尤其注意吸纳新的研究成果和墓志、序跋等第一手材料。如张志和"小传"是这样写的:

张志和(生卒年不详),本名龟龄,字子同,自号烟波钓徒,又号玄真子,婺州金华(今属浙江)人。年十六游太学,擢明经。献策肃宗,深蒙赏重。命待诏翰林,授左金吾卫录事参军,因赐名。后坐事贬南浦尉,会赦还。不复仕,隐居越州会稽。代宗大历九

155

年(774)秋,谒湖州刺史颜真卿,撰《渔歌》五首,后传入日本,嵯峨天皇于弘仁十四年(823)作《和张志和渔歌子五首》,为日本填词之开山。(《唐五代卷》第41页)

关于张志和的《渔歌子》(西塞山前白鹭飞),通常注本都没有明确系年。龙榆生《唐宋名家词选》转引旧说曰:"《历代诗余》卷二百十一引《乐府纪闻》:张志和自称烟波钓徒,尝谒颜真卿于湖州,以舴艋敝,请更之,愿为浮家泛宅,往来苕霅间。作《渔歌子》词。"俞平伯《唐宋词选释》同龙注(唯"卷二百十一"作"一百十一";"纪闻"作"记闻")而文字简约。中国社会科学院文学所编《唐宋词选》仅注西塞山地在湖州。依笔者管见,最早指明此词作年的是神田喜一郎《日本填词史话》。文曰:

这五阕《渔歌子》是颜真卿当湖州刺史的时候,张志和访问湖州时所作的。要是我们读一读收在颜真卿的《颜鲁公文集》卷九中的题为《浪迹先生玄真子张志和碑》一文的话,便更可以详细地知道这件事。该文中有一段这样写道:"大历九年秋八月,讯真卿于湖州(下从略)"……据此可知,张志和去湖州访问颜真卿,在那儿作了《渔歌子》;时间是大历九年(774)秋八月。当事者所说的,再也没有比这个更正确的了。实际上我所需要的正是这个时代。与此相关,嵯峨天皇的《渔歌子》是什么时候的作品呢?……由此可知,我国填词的历史是自嵯峨天皇君臣酬唱的作品开始的。(《日本填词史话》中译本第7—10页)

将张志和小传与这段文字相比照,可明显看到学术观点上的吸纳与因承。神田氏的著作1965年由东京二玄社初刊,程郁缀、高雪野合译的中译本2000年始由北京大学出版社出版,然而即便小传作者并未直接看到神田氏的著作,亦很可能间接受到其著作的影响。因为相关议题已见诸国内学者的文章之中。

156

如陆坚的《张志和〈渔歌子〉的流播与日本填词的滥觞》、张昌余《从中日两组渔父词看文学的传播因素——试论张志和与嵯峨天皇的〈渔歌子〉》等。(详《二十世纪隋唐五代文学研究综述》libweb.zju.edu.cn：8080/renwen/site/GuoXue)这种开放式的学术吸纳和对相关领域研究进展的关注,赋予《汇评》鲜活的生命力。

另外,本书重视年谱、序跋与碑诔。"年谱"项下"列举两宋直至近人所撰词人年谱","传记资料"项"并列史传书目卷次、宋人文集与宋元以及后世方志中的传记资料"(见《编辑说明》)。如周邦彦"传记资料"项列出的项目是:

《宋史》卷四四四《文苑传》

吕陶《净德集》卷二十六《周居士墓志铭》

王偁《东都事略》卷一一六《文艺传》

潜说友《咸淳临安志》卷六十六《人物传》

王国维《清真先生遗事》

刘永翔《周邦彦家世发覆》,见《华东师范大学学报》1996年第3期

吴熊和《周邦彦琐考》,见《吴熊和词学论集》,杭州大学出版社1999年版

可见收罗之全面。另如惠洪传下曰"惠洪《石门文字禅·寂音自序》一文自叙生平甚详";汪藻传下列出"孙觌《鸿庆居士集》卷三十四《宋故显谟阁学士左太中大夫汪公墓志铭》";又《唐五代卷》张志和小传下引录"颜真卿《颜鲁公文集》卷九《浪迹先生玄真子张志和碑》"、"李德裕《李文饶文集》别集卷七《玄真子渔歌记》",以及朱景玄《唐朝名画录》、方勺《泊宅编》、史浩《鄮峰真隐漫录》卷三十三《会稽先贤祠传赞上·唐张先生》等文学研究中较少涉

及的冷僻材料，足可见出编写者的谨严与用力。在汇集资料方面的视界之广和判别之精，成为本书重要特征和最大优长。

选词之下，根据具体情况附"编年"、"汇评"、"本事"、"考证"、"附录"等项；对《全宋词》中两见的作品，在依从《全宋词》编纂体例的前题下尽量体现编纂者的辨析和见解。如并见于苏过、汪藻名下的《点绛唇》："新月娟娟，夜寒江静山衔斗。起来搔首。梅影横窗瘦。　　好个霜天，闲却传杯手。君知否。乱鸦啼后。归兴浓于酒。"（第 1161、1249 页）虽两人名下并出，并在"苏过"处的"汇评"、"考证"项下录出支持苏过说的见解，但在"汪藻"名下的"本事"项则录出唐圭璋《宋词互见考》、刘永翔《清波杂志校注》中认定汪藻为作主的说辞，选择之中已见出编纂者的取向，对读者做出方向性的引导，这同样体现出编者的谨严与用力。不过令我个人不能遽然信同的是：词中名句"好个霜天，闲却传杯手"，似由秦观《摸鱼儿·重九》词中化出，此词《汇评》未选，兹将后半阕录出，以为比对："休株守。尘世难逢笑口。青春过了难又。一年好景真须记，橘绿橙黄时候。君念否。最可惜，霜天闲却传杯手。鸥朋鹭友。聊摘取茱萸，殷勤插鬓，香雾满衫袖。"从苏、秦两家的关系说，苏过化用秦词的可能性更大。至少可以在附录"与本词有关的诗词文等"的"附录"项里将秦观词录出，为读者的判断提供更为全面的信息。

本书最有学术含量的项类是"编年"，如主编吴熊和先生在前言中所举以刘光祖《沁园春·寿晁帅七十》为依据，从而推断出晁公武的准确生年，便是最为生动有力的证据。然而最容易发生歧义的项类也是"编年"。如徐经孙《水调歌头·致仕得请》，上片："客问矩山老，何事得优游。追数平生出处，为客赋歌头。三十五时侥幸，四十三年仕宦，七十□归休。顶踵皆君赐，天地德难酬。"（第3206页）"编年"曰："景定二年（1261），徐经孙七十岁，致仕得请。词中'三十五时侥幸'，指三十五中进士。'四十三年仕宦'，指出仕至罢归闲居。"如此解释便在时间上发生龃龉。编年既言词人七十岁，又言自出仕至致仕经过四十三年，从三十五岁计，加起来就成了七十八岁，显然有误。这里"四十三年仕宦"当指四十三岁时出仕。词中"三十五时侥幸，四十三年仕宦，七十□归休"三句的句式是一致的，即三十五岁中进士，四十三岁开始做官，七十□岁退休。因为尽管宋代的科考选官制度多有细节上的调整和变化，但可以明确的是：中榜进士只有状元等名列前茅者能够直接授官，其余均要经过一个"待选"的阶段。所以从词的文本中可知，徐经孙中进士八年后始得为官。还有一个小问题，就是"七十□"究竟是"七十岁"还是七十多岁？据谭正璧《中国文学家大辞典》，徐经孙的生卒年是公元1192—1273年，享年八十二岁；另据《宋史》本传，徐经孙以忤奸相贾似道罢归，"闲居十年卒"，由此可以初步推定：其致仕年岁当为七十二岁（宋代的致仕年岁比较宽泛，大致在七十岁上下浮动）。也就是说，文本中的"□"很可能是"二"字。

当然，这些可以讨论的细枝末节问题，丝毫不妨碍本书成为极有价值的学术工具书。因为在提供大量学术信息的同时，这也是一部关于全唐五代词和全宋词的优秀选本，以较通常选本更大的选篇分量，提供了更高层面上的文本阅读。（宋红《评〈唐宋词汇评〉》，《博览群书》2005年第12期）

宗古《宋代词学研究的格局与变化》：

由著名学者、浙江大学中文系吴熊和教授主编，李剑亮、陶然、沈松勤、胡可先等专家合作编撰的《唐宋词汇评（两宋卷）》共

5册,500余万字,所汇辑的唐宋词资料,分词人资料与作品资料两部分。

与一般的汇评汇编著作不同,该书中有大量篇幅有关宋词的编年考证的,这也是最有学术价值的部分。与唐诗比较,除了一些大家的词集有专门笺注与编年外,《全宋词》中的绝大部分词人词作是没有编年的。因而该书的编年部分,是在前人基础上进行更大范围的编年。作者在编年过程中,有很多发现和创获,从而开辟了一些应知而未知的领域。首先是将诗史互证的方法运用到词学研究中,使词史互补,相得益彰。其次,通过编年,解决了不少词人生卒年及生平事迹的问题。如既是词人又是著名版本目录学家的晁公武,生卒年一直不能确定。而该书通过刘光祖《沁园春》"寿晁帅七十"词,提供了可靠依据。乾道四年三月,晁公武为四川安抚制置使兼知成都,故刘光祖寿词称"晁帅"。乾道六年三月,罢安抚使。刘光祖词作于乾道五年,其年晁公武七十岁,则其生年为徽宗建中靖国元年。

该书体例完备,资料翔实,搜罗宏富。全书收录宋代875位词人的词作7045首,举凡有代表性的作品尽在其中。每一词人名下收录传记资料、著述、总评,每首词后又附以编年、考证、本事、汇评、附录等诸多项目,故而无论是研究宋词、阅读宋词、欣赏宋词,都可以在其中得到益处。

在中国文学史上,唐诗宋词一直是两个不可企及的高峰。但就文献积累与研究来说,唐诗宋词又是不平衡的。20世纪后半叶,唐诗文献的研究出现了繁盛的局面。如傅璇琮先生主编的《唐才子传校笺》,汇聚综合了当今对唐代诗人近四百家最新考索的收获;他主编的《唐五代文学编年史》,更从文献的角度对唐五代的文学流程进行全新的考察;陈伯海先生的《唐诗书录》

则对唐诗著述文献进行了一次全面的汇总;他主编的《唐诗汇评》,搜罗自唐迄近代的诸多评论资料,成为最全面的唐诗资料汇编之一。但宋词方面,20世纪以前还难以找出如上所述的一部著作。《唐宋词汇评(两宋卷)》的出版,正好填补了宋词文献研究的一大空白,它将作家考证、作品编年、著述钩稽、资料汇编诸方面汇为一炉,成为具有雄厚学术积累的集大成的宋词文献研究著作。该书无疑会开辟宋词文献研究的新途径。同时,此前的词学研究,重在探讨与诗文之异,过多地探讨词的本体特征。而《唐宋词汇评》通过词史互补,挖掘出前人没有注意到,然而却是非常重要的社会主题,或许这样的研究方法,也会和唐诗中以诗证史、诗史互证的方法一样,成为词学研究常见的方法。

(《光明日报》2005年3月14日)

郑广宣《三十年,师恩如山》:"后来,我又请他主编了五大本的《唐宋词汇评·两宋卷》,他统揽全局,规划体例,提出要求,同时还亲自做了一本,其中他设置并强调的'编年'、'考证'两个栏目,使这套书有别于先前出版的《唐诗汇评》,不仅资料丰富,而且具有较高的学术水准。"(郑广宣《三十年,师恩如山》,陶然编《吴熊和教授纪念集》,浙江大学出版社,2014年,第118页)

本年,指导应守岩撰写词学论文。

应守岩:"2004年,我参加整理编纂《东阳丛书》。在点校清初东阳学者王崇炳(1653—1739)的《金华徵献略》一书时,发现了南宋词人黄中辅的《满庭芳·题太平楼》词。这是一篇痛斥秦桧卖国罪行的杰作。但在唐圭璋所编的《全宋词》中,只有'快磨三尺剑,欲斩佞臣头'两句,未见全阕。为此我写了一篇《黄中辅和他的〈题太平楼〉词》。吴先生带病审读并修改我的文章,还把关于我发现此词的经过部分,给单独辑出改写,题为《痛斥秦桧的黄中辅〈满庭芳〉词全阕尚存》,以我的名义发表在国家图书馆主办的 2006 年第 3 期《文献》季刊上,令我非常感动。"(应守岩《素帏洒泪哭春风》,陶然编《吴熊和教授纪念集》,浙江大学出版社,2014 年,第 97 页)

2005 年　72 岁

2 月,作《悼战垒》七绝四首。后收录在《止止居诗词草》(浙江古籍出版社,2006 年)。

3 月,为黄杰《宋词与民俗》一书作序。

《序》中曰:"词由于其本身的特点,较之诗文更能适应民俗、容纳民俗和善于表现民俗。2 万多首宋词中,与当时民俗直接间接有关的,占有很大比重。然而过去不论研究宋词或研究民俗,对这一点都缺少应有的关注。两宋词中涉及南北社会的大量民俗现象,未能予以重点开发和广泛运用。这不能不说是一种缺失。现在这方面的工作已有所开展,宋词在文化学、民俗学上的价值将会得到更多的认同。"(黄杰《宋词与民俗》,商务印书馆,2005 年,第 1 页)

6 月,指导胡淑慧完成博士论文《辽金元文学构成的新主体——非汉族文人群体研究》的写作,并举行论文答辩。答辩委员会主席为齐森华教授,成员为吴熊和、陆坚、肖瑞峰、沈松勤、李剑亮等教授。

11 月 1 日,致函李丹,谈论元初女词人张玉娘。

函中曰:"张玉娘为元人,唐圭璋先生开始误收入《全宋词》,后即改正(当为元初人)。尊编(指李丹《张玉娘研究谈屑》、《〈贞文记〉之时间考辨》、《〈兰雪集〉历代抄本与刻本小考》,收入《〈兰雪集〉与张玉娘研究》，中国青年出版社，2005 年版）搜罗张玉娘资料当极齐全，此事可为定论。松阳历代甚多名人，不知地志是否备载。"（李丹《长忆音容词史中——缅怀浙江大学吴熊和教授》，陶然编《吴熊和教授纪念集》，浙江大学出版社，2014 年，第102 页）

宋红在《博览群书》2005 年第 12 期发表《评〈唐宋词汇评〉》一文。参见本谱 2004 年"《唐宋词汇评》出版"条目。

洛地在《浙江艺术职业学院学报》2005 年第 1 期发表《律词之唱，"歌永言"的演化》（后收入洛地《词体构成》，中华书局，2009 年），与吴熊和先生进行观点商榷。

2006 年　73 岁

1 月，《论词绝句一百首》收入《词学》第 16 辑，华东师范大学出版社出版。

4 月，接日本宋词研究会编辑部村越贵代美寄送《风絮》第二号。村越贵代美致函一通。

村越贵代美函曰："吴熊和先生：您好！我已回到日本，开始上课了。宋词研究会的杂志《风絮》第 2 号出版了。请指教。我在北大拍的照片也有的。请您保重身体。我希望以后有机会再去杭州。06 年 4 月，村越。"

6 月，《唐宋词汇评（两宋卷）》（与李剑亮、陶然、沈松勤、胡可先合著）获浙江省第十三届哲学社会科学优秀成果奖（基础理论研究类）一等奖。

9 月，与沈松勤谈治学。

沈松勤："2006 年 9 月，先生主动邀请我到他家长谈了整整一个上午，畅谈杭大中文系的学风，谈夏老的治学。他说：'夏老最擅长的学问之一是考据。考据我也能做,应该说,我的考据功夫还是不错的,但我没有将精力放在考据上,我不能步夏老的后尘,我要开辟自己的学术之路。'事实也证明了这一点。自20世纪30年代始,以龙榆生先生主办的《词学季刊》、《同声月刊》为平台,以夏承焘先生、唐圭璋先生为主将,以其他词学专家为群从,对年轻的词学学科进行了不懈的建构,引入了大学的课程之中,并成为一门专门之学、热门之学。先生的《唐宋词通论》就是在这一基础之上,出于自己的词学思考,首次建构了完整的唐宋词学学术体系,赋予了词学学科新的学术内涵。杨海明先生在《中国社会科学》杂志发表的书评,称该著为当代词学研究的'集大成者',便道出了其'集成创新'的特点与成就,以及在当代词学中的杰出贡献。而这一点夏老没有做,先生做了。"(沈松勤《在吴熊和教授追思会上的发言》,陶然编《吴熊和教授纪念集》,浙江大学出版社,2014年,第76页)

冬,与李丹谈论元代女词人张玉娘。

李丹《长忆音容词史中——缅怀浙江大学吴熊和教授》:"2006年冬,我去杭州市看望吴先生,又向吴先生当面请教这个问题。我说:'吴先生,您的《唐宋词通论》有第三节别集,在南宋词别集里有周密《蘋洲渔笛谱》,有张炎《山中白云词》等,他们的生卒年份跟张玉娘差不多。为什么张炎是南宋词人,而张玉娘就成了元代人?如果张玉娘是元代人,那么张炎更应该是元代人,您却说他是南宋人。'他仍然说:'这是依据唐圭璋先生的说法,已经定论了。'"(李丹《长忆音容词史中——缅怀浙江大学吴熊和教授》,陶然编《吴熊和教授纪念集》,浙江大学出版社,2014年,第103页)

2007 年　74 岁

1 月,论文《梦窗词补笺》刊于《文学遗产》第 1 期。

3 月,接韩国柳己洙《历代韩国词总集》。

4 月,接日本宋词研究会编辑部《风絮》第 3 号及附函一通。

函曰:"吴熊和老师:您好! 在此,将我们宋词研究会发行的会刊《风絮》第三号敬呈一册。《风絮》里一定会有很多错误,请您多加指正,我们将感到光荣之至。希望以后也能得到您的大力指教! 此致敬礼,专此敬祝大安。2007 年 4 月吉日。宋词研究会编辑部,明木茂夫、池田智幸、小田美和子、高田和彦、萩原正树、保苅佳昭、松尾肇子、村越贵代美。"

8 月 15 日,致函李丹,谈论元代女词人张玉娘《兰雪集》。

函中曰:"《兰雪集》传本甚少,清顺治间有孟称舜刊本,后又有狄氏活字本,民国十年李氏宜秋馆刊宋人集丙编《兰雪集》上下卷据孔氏微波榭庄小山堂钞本校刊,下卷载词十六首,较《彊村丛书》早而且善。"(李丹《长忆音容词史中——缅怀浙江大学吴熊和教授》,陶然编《吴熊和教授纪念集》,浙江大学出版社,2014 年,第 104 页)

9 月 30 日,为谭新红《清词话考述》作序。

《序》中曰:

清代词学与清词并时而起,且独具规模,门类备周,开宗立派,各辟门户,两者相辅而行,同臻于盛。清人词话,是清代词学重要的一翼。唐圭璋先生 1986 年版的《词话丛编》,凡收清人词话六十余种,占全编八十五种的绝大部分。《例言》中说到尚有九种仅知其名而未得寓目,另有新辑稿本多种,今后再谋续刊。据有人统计,存世清人词话,或许不下于一百二十种。可广为访求,以睹其秘。最近看到报道,新的《词话丛编续编》编辑就绪,即将出版。这就可以实现唐先生二十多年前的宿愿了。

清人词话丰富多彩,内容很广。议论、纪事、品藻三者之外,声律乐理,古今韵部,考辨举证,版本校勘,细大不捐,都有涉及。而论词主旨与词风评判,自然是一些名家词话的中心。从康熙间朱彝尊崇尚雅词,瓣香白石,小令主北宋,慢词主南宋;道、嘉时代张惠言、周济推尊词体,力主风雅比兴,尤重寄托;光绪庚子以后,王鹏运、况周颐标举重、拙、大与声律气格,直到王国维融会中西,以境界论词,词学进入近代的学术视野,有清三百年词学观念的演进与词风的嬗变,就在诸家词论词话中相继展开。而其他词话或多或少笼罩在不同阶段的时代风气之下。近百种清人词话当然有高下之分,可以作不等的品第。词话作者,有的本以学术闻名,议论精深,识见超迈;有的则学疏才浅,流于凡庸,无多可采。这种精粗杂陈的情况,任何时候都属常见。

除了词话,我认为清代的词集序跋也应予一并重视。清代词人逾万,词集多至五千,然大半早已亡佚。存世清人词集,王绍曾《清史稿艺文志拾遗》著录一千九百六十八种。我参与编写的《清词别集知见目录汇编》,据国内外图书馆所藏,亦近二千种,两者可互为增补。清人词集,往往前序后跋,一书序跋七八篇乃至十余篇的并不少见。清人词话已多见于唐先生的《词话丛编》,清人词集序跋则尚无专书为之搜集整理。十多年前,台湾林玫仪教授告诉我,已经收集到清人词集序跋超过一千五百篇,后来当续有增益。如果早日汇集问世,可以列为《词话丛编》的姊妹篇。

词集序跋自然有所私阿揄扬。但名家序跋多重在议论,各具独识,不同凡响。清初宁都三魏都以古文著称。或许人们不会想到长兄魏际瑞《魏伯子文集》独有词一卷,其自序就见解特别,值得一读,自来却无人提及。有些词集序,作者本人文集无传。浙派先驱曹溶的《静惕堂文集》,世无传本,他写的一些词集序就见于清初的《百名家词》。吴伟业自叙其作词经历,本集未载,而见于余怀《玉琴斋词序》。他的《宋尚木兄弟词集序》则被录于田茂遇《燕台文选初集》。有些词集不见于世,然其词集序跋却存于诸家文集。清初尤侗的文集中就能读到不少此类词集序跋。尤侗有一篇《倚声词话序》,原是应邹祗谟《倚声初集》卷首王士禛[禛]《花草蒙拾》等几家词话后写的,《倚声初集》此后未予补刻,研究清词话的人大多不知道有这篇序。谢章铤有《赌棋山庄词话》十二卷,续词话五卷,《赌棋山庄集》中另有词集序跋十余篇,《词话纪余》一卷,足与其词话互补互参。至于一些总集选集的序或凡例,更是各个词派正式宣告其论词宗旨的重要文献,传承云间词派衣钵的沈亿年《支机集·凡例》,承建浙西词派架构的蒋景祁《刻瑶华集述》,朱彝尊《词综·发凡》,为常州词派拟定词学纲领的张惠言《词选序》,其各自的研究价值就不用再说了。

此外,清代还有不少名家论词书札,如朱彝尊、李良年、陈维崧、纳兰性德、顾贞观等的与人论词书,所论俱发挥宗旨,卓拔不群,亦可都为一集。

1962 年,黄裳先生将其所藏楼俨《洗砚斋集》寄奉夏承焘先生。这是一部不易见到的词学杂论集。内有杂考、宋名家词跋、词话、词集序、与人论词书等共四十三篇,楼俨学词于朱彝尊与平湖沈皞日,秉承浙西词风。康熙四十八年奉召入京纂修《词谱》。此书藏书家皆未予著录,亦从未有人称引。这类今日尚罕为人知的稀见之本,国内外或许续有发现。

三十多年前,台湾王熙元教授有《历代词话叙录》,内收清人词话五十二种;后来林玫仪教授《词话七种考略》,内收清人词话两种,间亦可补《词话丛编》。谭新红同志这部《清词话考述》,则是系统论述清人词话的专著,为研究清代词话做学术上的导引。谭新红同志积多年之功,潜心研讨,注重积累,做了不少实实在在的工作,因而有此可喜收获。今后再可扩展做横向纵向的后续研究,以期取得更多的成果。吴熊和,2007年9月30日于杭州。

2008年　75岁

　　2月10日,作《岁暮怀人绝句十首》,所怀者有陈贻焮、王水照、严迪昌、王元化、徐步奎、邹志方、陈祖美、吴汝煜、周子美、林玫仪。

　　"其一"注语曰:"陈贻焮,北京大学教授。回家乡长沙时广会三湘诗客,即席挥毫,四座惊叹。晚岁撰《杜甫评传》百万余言,皆夜起执笔,书成而一目遂青。笑曰:献与老杜。"

　　"其二"注语曰:"王水照,复旦大学教授。取唐型宋型文化之说,主编《新宋学》学刊。尝同冒大雪登余杭径山寺,寻访东坡遗迹。"

　　"其三"注语曰:"严迪昌,苏州大学教授。于'康乾盛世'推重寒士诗人群。著《阳羡词派研究》,数至当地调查史实。《清词史》述及奏销、科场、通海诸大狱,词人甚多罹难。清初十大案,见邓之诚《清诗纪事初编》。"

　　"其四"注语曰:"王元化,华东师范大学兼职教授。哲人不萎,仰之弥高。夫人张可去世后,抗言如昔。读其近编《沉思与反思》一书,亦自伤寂寞矣。"

"其五"注语曰："徐步奎，浙江大学教授。曾于北京《琵琶记》讨论会上，孤身与众对垒，辞锋锐利，气不少屈。其《晚明曲家年谱》三十种，为明曲家立传，独此巨构。沉迷三载，魂去不返，一无留言。"

"其六"注语曰："邹志方，绍兴文理学院教授。发现陆游三山村原址。其《陆游家世》一书，采辑甚广。多次于绍兴召集全国陆游研讨会。近注陆游诗词，于乡里山川风物，既细且确。"

"其七"注语曰："陈祖美，中国社会科学院文学研究所研究员。著有《李清照评传》、《李清照新传》等多种。尝考赵明诚为求子息娶妾致夫妇一度失欢。惟乏坚证，颇致争议。案明诚死后，其兄存诚、思诚奉母郭氏枢南葬泉州，诸诚赵氏且举族迁泉。朱熹后于绍兴二十六年得《金石录》于泉州，或即为泉州所刻。《福建通志》且载泉州有赵明诚子，未知何据。赵氏于泉州聚族而居，然清照实未尝有亲赴泉州之念。又清照南来行止与播迁路线依何而定，自来却无人提及。清照以孤嫠之身，凄惶流离，必有亲戚女眷为之接应安置，决非任意望门投止，无所依托。今可知者，先至明州，寓于史氏（明诚姊嫁史氏）；继至会稽，依其弟李远；后至金华，则赖李氏（金华守李擢乃明诚妹婿）；终至临安，尤多旧馆姊妹，其中且有王氏（王珪孙女，秦桧妻，与清照为中表。秦桧政和五年登第，补诸城教授。诸城乃明诚乡里，两家或为旧识。时秦桧二十六岁，清照三十三岁，清照长于王氏十岁左右）。清照两浙行迹，由此可以得到合理解释，此则'善解原须闺阁心'之又一事也。

"其八"注语曰："吴汝煜，徐州师范大学教授。著有《全唐诗人名考》、《刘禹锡传论》等。'文革'结束，江浙五校联合编古代文学教材，诸人中以金启华先生为长者，而汝煜年最少。忽罹凶疾,遽尔撒手,未竟其才。"

"其九"注语曰:"周子美,华东师范大学教授。刘承干婿,薄录吴兴嘉业堂珍藏图籍,有《嘉业堂钞校本目录》。然不善讲课,每为学生所窘。余大学毕业赴杭读研,承赠以清人集部多种,得读吴梅村、王渔洋诗全帙。"

"其十"注语曰:"林玫仪,台湾'中央研究院'文哲所研究员。从台湾大学郑骞教授攻博学词,继起为台湾词学翘楚。其词学著作传于两岸。近年为编纂清词总目,遍访大陆各大图书馆。得一珍稀之本,每诧为奇遇。"

2月,作《应守岩见示新律,依韵奉和》(七律)三首。

应守岩:"2008年初,东阳市的金一初学兄送给我一本他的《诗词艺文续选》,我回赠他一本拙著《西湖小品》。因有所感,附寄去一首《〈诗词艺文续选〉见赠呈一初同学》的七律(略)。本想请先生批评指正的,想不到先生和了我四首诗。先生的前三首七律,已入选于《庆贺吴熊和教授从教50周年论文集》。"(应守岩《素帕洒泪哭春风》,陶然编《吴熊和教授纪念集》,浙江大学出版社,2014年,第98页)

5月,作《惊闻元化先生在沪病逝,哀痛久久,谨以小诗敬表悼念》(七绝)八首、《汶川大地震》。

5月,作《诸老杂忆》,所忆者有程千帆、钱仲联、徐中玉、钱谷融、许杰、徐震堮、陆维钊、任铭善、林淡秋、王起。

"其一"注语曰:"程千帆先生,在武汉大学勒令退休,自号退堂。南京座上听其论中国学术,皆上乘第一义,失闻久矣。沪宁数度奉手赐书,又推余为中华大典宋代文学卷主编,则未敢应命。夫人沈祖棻,有《涉江词》,为易安以后第一人。车祸丧生。瞿禅师挽联云:武汉人归白下,文姬诗过黄初。"

"其二"注语曰："钱仲联先生，六一年侍瞿禅师在沪，与郭绍虞、马茂元及钱先生共注《文论选》，甚佩其记诵渊博，才思敏捷。所注人境庐诗及牧斋诗文，即以博洽见称。闻自蓄闲章曰'吴越王孙'。然晚年注剑南诗、后村词，则多事摭拾，未见过人之处。"

"其三"注语曰："徐中玉先生，任华东师大中文系主任、上海作协主席多年，广选人才，造就甚多。八十后常见于沪杭两地，每以得聆教言为幸。先生九十大寿晋谒沪上，则书斋索然，不胜孤寂，未见当年因风借力进身清要之门下诸士矣。"

"其四"注语曰："钱谷融先生，临风玉树，风仪甚都。然讲席多引晋宋高人，尤见性情。五七年撰《论文学即人学》一文，屡遭批判，意不少屈。然时多禁忌，实未畅所言，应有再论重予申述。今闻沪上庆其九十寿辰矣。"

"其五"注语曰："许杰先生，余就读华东师大，先生为系主任，多承垂顾。经历'文革'后，过沪往谒，先生已年过八十，犹屡见著文驳'阳谋'之说，浩歌弥激烈也。"

"其五"注语曰："徐震堮先生，通多国文字，学问既博且精。但除翻译及世说笺疏外，无意著述，其《梦松风阁诗文集》，以诗词见长。读书每有精义，瞿禅师多予称引。"

"其六"注语曰："陆维钊先生，王国维任清华研究院导师，先生为助手。后助叶恭绰先生编《全清词钞》，专司其责，所集清人词集千余种，亦一直由先生护理至今。后归南大《全清词》编纂室。书法交融篆隶，自创一体，当代独步。于中国美院首创书法专业，门下甚盛。然八十易箦时始颁以教授职称，时先生已名满天下，要此破帽何用，适见用事者之陋矣。"

"其七"注语曰："任铭善先生，以经学、小学闻名，于音韵尤有宿悟。才识过人，亦多遭人忌。尝谓：'论小人可恕，论君子当严.'其自律亦如此。瞿禅师赠联云:'取人为善,与人为善','南面教之,北面受之',师友之谊,无过于此矣。'文革'中英年早逝,有《无受堂文存》,出版时,身殁又近四十年矣。抗战时在沪曾为王元化先生家庭教师,王先生有《记任铭善》一文以资纪念。"

"其八"注语曰:"林淡秋先生,六十年代初自北京人民日报南下任杭州大学副校长,一直保持革命时代豪爽谦和老作家本色,为杭大文科护惜人才。浙江'文革',却以'林夏战役'为开端,善类得无尽乎。王元化先生有《记林淡秋》一文,记二人在抗战孤岛期间革命友谊,沉挚动人。"

"其九"注语曰:"王起先生,抗战时与瞿禅师共事于龙泉浙大分校,常呼之为王老虎。所作《西厢五剧注》,关注人物身上之异,盖重剧场甚于案头。后自穗过杭,招余夜谈,以出类拔萃见许,并说学词当戒遗老遗少气,语有所指,闻之憬然。"

5月,作《书生》(七绝)二首。

有自注语曰:"清代浙学与吴学、皖学鼎足而三,皆出于私门,与官学不侔。余非浙人,然与'浙西博雅'、'浙东专家',终身服膺,莫敢失坠。"

6月7日,自述作诗过程与心迹。

曰:"夏瞿禅、徐声越两先生,学术大家,并以诗词名世。余久侍几席,侧闻绪余,稍窥门径,偶然成咏。然敝帚自知,固自藏拙,不敢挂人齿。'文革'中,又因避谤,尽弃存稿,戒诗不作。迨乎晚岁,疏放自适,遂往往放笔,追怀师友,顾念平生,盖率性所至,聊以度岁,借以自娱而已,居然亦复成帙。陶然弟见而嘉之,代为书录。旧作则偶忆所及,略存数首。盛世自有高咏,此则呕哑嘲哳,有渎清听,亦春鸟秋虫自作声也。七五病叟吴熊和自

172

记。"(陶然《吴熊和先生诗词选》,《庆贺吴熊和教授从教五十周年论文集》,浙江大学出版社,2008年)

6月25日,作《近闻中西体用之争又起,漫书数句》(七律)一首。

6月28日,作《漫成》(七绝)一首。

10月5日,为李康化《近代上海文人词曲研究》作序。

《序》中曰:

近代上海,承接几千年江南文化的氤氲化育,容受近百年政经气候之波诡云谲,在古今、中西、雅俗的冲击与回应中,实有较前代更为精彩的文学历史,涉水观澜,尽义传神,当为治文学史者之职责。当前,"上海学"正在成为国际性的"显学",相应地,上海文学的研究也正日益受到学人的关注。但迄今为止关于上海文学的研究,基本上都是以小说为考察对象,词曲的研究从未得到重视。可以作为佐证的是,至今未见研究上海词曲的著作问世,相关论文也是极为鲜见。这种研究状况的出现当然有其合理性,因为近代以来的上海文学,基本上是属于小说的,词曲只是边缘。小说家王安忆在《寻找上海》一书中就说:"上海这城市在有一点上和小说特别相投,那就是世俗性。上海与诗、词、曲、赋,都无关的,相关的就是小说。"但词曲虽是边缘,终究是上海文学的一部分,不应视而不见。何况近代上海的词曲,在一定程度上也是现代化都市文明生长史的见证与表现,对于深入理解上海这个城市的文化品格,对于深入理解词曲这种文体的历史处境,都具有重要的价值。

2002年秋,康化同志从上海交大来浙江大学中国语言文学博士后流动站从事博士后工作,赓续原先的明清江南词学研究,以近代上海文人词曲为研究专题。研究近代上海文人及词曲,不同于时下流行的某些搜求异闻艳事或怀恋旧日风光的著述，而是要以上海开埠以来文化形态的演变为重点，从这个特定的角度去把握历史的脉络，探寻历史的意义，弄清现实的状况，以瞻望未来的前景。从这个意义上说，康化同志数易其稿的《近代上海文人词曲研究》，对研究现状尚称薄弱的近代上海词曲而言，具有一定的拓荒性质。

就词学而言，近代上海有着自身的特色。从词人看，近代上海词坛基本上由流寓词人构筑。这再次证明上海是移民城市。而移民城市的宽容性也体现在近代上海词人的关系上，如不同团体的词人之间并没有相互排斥，而同一团体内部的词人也并不是只有一种声音。从处境看，相较于小说，近代上海词坛是被边缘化了，原因在于，词是高雅文体，虽也有与世俱迁的表现，终究限于文体而未能走向大众。这表明上海的文化是世俗文化。从词论看，以蒋敦复为代表的上海词学家都具有精深的学理，但包括王国维《人间词话》在内的近代上海词论都缺乏人文关怀与理性原则。这固然与词体本身有关，与传统思维有关，也表明近代上海在输入西学方面有重实用而轻人文的倾向。

近代上海的曲学走向与近代上海的城市品格基本符合。就题材而言，近代上海戏曲表现出足够的现实关注，不管是时事剧还是历史剧。而历史剧的多表现明清之际遗民英雄，也与近代上海文人的"晚明"情结相契。就艺术而言，近代上海戏曲表现出的人物平面化与剧本书面化以及性别意识上的男性关怀与女性书写，充分呈现出戏曲在近代背景下应时而动、乘势而上、顺势而变的随俗风尚。就批评而言，较之词学思想，近代上海戏曲理论，不管是王国维的戏曲史论，还是戏曲改良理论，都表现出与时俱进的创新精神，尽管尚存在着诸多不足，但却昭示着向现代理论的生成转换。

近百年的上海词曲史是中国词曲史的最后结晶,内部层次繁杂,蔚为大观,且对当代中国词曲影响明显。康化同志的《近代上海文人词曲研究》由上海人民出版社接受出版,这是令人高兴的事。我认为,书中的不少论点是人们感兴趣的,或许还将引起学术界的关注和重视。希望康化同志以此为新的起点,在学术研究中取得更多的成果。2008年10月5日杭州。

10月,《庆贺吴熊和教授从教五十周年论文集》(沈松勤主编)由浙江大学出版社出版。

《庆贺吴熊和教授从教五十周年论文集》收录文章有:胡可先《吴熊和先生学述》,费君清、陶然《一脉天风,百丈清泉——吴熊和教授学术研究评述》,费君清、叶岗《埋头尚识,举目常新——吴熊和先生学术印象之点滴》,陶然《吴熊和先生诗词选》,胡可先、陶然《学人襟怀,宋调才情——吴熊和先生诗词读后》,胡可先《出土文献与唐代文学史新视野》,沈松勤《唐宋词体的文化功能与运行系统》,张兴武《宋初文坛的冲突与对话》,黄杰《两宋茶诗词与茶事考四则》,钱建状《围绕赵明诚"诸子"与李清照生平创作的几个问题》,沈家庄《论放翁气象》,村越贵代美《姜夔乐论中的琴乐》,费君清《南宋江湖诗人的生计问题》,李剑亮《南宋馆阁与南宋诗歌》,方勇《论宋亡"诗史"》,徐枫、朱绍秦《宋代文学的编辑传播与出版》,陶然《贞祐三年省试与金末文风丕变》,吴蓓《词史上的南宗之盛——文人画、神韵诗残照下的南宋雅词与浙西词派》,李越深《〈幽兰草〉的创作、结集时间以及价值定位》,肖庆伟《〈支机集〉:云间词派的界内别声》。

12月,《楼俨〈洗砚斋集〉的词学价值》(与李剑亮合著)收入《词学》第20辑,华东师范大学出版社出版。

《楼俨〈洗砚斋集〉的词学价值》一文,认为《洗砚斋集》的词学价值表现在词史价值和词学批评价值两方面。其中,词史价值体现为,首先记载了楼俨词创作与研究的经历;其次,叙述了楼俨与其他学者的交往。词学批评价值体现在,(一)对明代张綖《诗余图谱》的批评;(二)对以文为词现象的反思;(三)对一些词话的质疑;(四)对词选本的评骘。

2009年　76岁

4月,主编的《经典宋词》由时代文艺出版社出版。

2010年　77岁

10月6日,与学人谈严迪昌先生治学经历。

《吴熊和先生晚年谈话录》:"我与迪昌兄相识时,他还在南通。彼时一见倾心。迪昌兄耿介刚直,大有相见恨晚之叹。后来迪昌兄离开南大到苏州,我们苏杭两地更是一年至少两三会,彼此主持对方学生的论文答辩,常常就住在对方家里。迪昌兄主持《全清词》,对南京大学贡献良多。民国中,朱彊村、叶遐庵二公倡编全清词,向海内征集清词文献三千余种。厥后此役中辍,仅成叶先生《全清词钞》二册。千余种清词则留予叶先生保管。叶先生将这批书交给了平湖的陆维钊先生,陆先生就在上海租了房子专门庋藏这些文献。南京大学接编《全清词》后,迪昌兄曾亲自到沪上与陆先生公子接洽,从中斡旋,最终使这批书转归南京大学所有。迪昌兄主持《全清词》,我曾将杭大及浙图所藏清词全部复印寄去。迪昌兄卸任后,主其事的是程先生的一位张姓博士,他曾告诉我,说《全清词》大体已编就,指日可出版云云。程先生为南大培养了十多位博士。有位弟子原是外语系出身,当时程先生出的试题是用英文和文言文各写一篇自传,这位弟子就很得便宜了。大家都说这所大学那所大学是词学研究中心,其实词学研究无所谓中心不中心,有人才有中心,没有人就没有中心。"(李保阳整理《吴熊和先生晚年谈话录》,《词学》第32辑,华东师范大学出版社,2014年,第216页)

12月7日,与学人谈词人与词品。

《吴熊和先生晚年谈话录》:"晚近以来作家,许多人的人品实在不足道。所以读者一定要有自己的判断眼光,不能盲目崇古膜拜。如四大家中,只王、朱堪称道德、学问俱佳,况、郑才子气太重。当年王季思先生曾对我说:'吴熊和,你跟夏先生学词,千万不能沾染遗老气。'所以对于历史上的作家们,不能有文必录,一定要甄别。"(李保阳整理《吴熊和先生晚年谈话录》,《词学》第32辑,华东师范大学出版社,2014年,第217页)

12月20日,与学人谈词籍校勘。

《吴熊和先生晚年谈话录》:"我曾经写过一篇《彊村丛书》与词籍校勘的文章,不主张时下流行的'杂货铺'式的胪列各本异文或别字之类的校勘。校勘要注重是否解决了什么问题。比如大鹤校梦窗词,能从中发现文本的讹夺衍脱情况,这才是校勘的理想境界。半塘的校词六例是至今仍应奉为圭臬的校词轨范。你校半塘词,不妨参照之。校勘古籍,《经义述闻》是不能不读的一本书。"(李保阳整理《吴熊和先生晚年谈话录》,《词学》第32辑,华东师范大学出版社,2014年,第218页)

12月30日,与学人谈如何填词。

《吴熊和先生晚年谈话录》:"多读经典作品,一定要背诵。'熟读唐诗三百首,不会作诗也会作'嘛。词韵在宋代是不存在的。那时候的词,是文人们随意写写的,甚至以方音押韵。只是到了明清两代,学者才开始总结词韵。通过排比宋人作品,归纳出宋词词韵,著成词韵、词谱等书来。衡量和规范宋词,用这些书来做标准,是不科学的。比如戈载,他的《词林正韵》,原是总结归纳了一部分宋词的用韵情况,列出韵目字,同时也参考了《礼部韵略》等历代通行的韵书,相互参比,斟酌去取之后,始成著作的。北方话早在宋元时就没有了入声,派入了其他三声了,而浙、闽、粤等南方省份的方言土语里则保留了大量古音,如温州话,它不仅分四声,而且四声又分阴阳,从而衍变为八声。不过语言是随着时代发展而发展变化的,并非一成不变。如汉人注经,其所注读法和唐宋明清人的音读就不一样。所以音韵的问题比较复杂,现在懂的人就更少了。当代人填词,能守得平仄即可,词律是很难讲求了。最好的办法是大量背诵经典作品,如《念奴娇》就是苏轼、《满江红》就是岳飞、《扬州慢》就是姜夔。记得多了,照着样子填,平仄扎根于胸中,就不难了。这方面可参考龙榆生先生的《唐宋词格律》。"(李保阳整理《吴熊和先生晚年谈话录》,《词学》第 32 辑,华东师范大学出版社,2014 年,第 218 页)

12 月 30 日,与学人谈蕙风《修梅清课》。

《吴熊和先生晚年谈话录》:"那个时候的文人风气,玩戏子啊什么的。这些词没什么价值的。一个人最好的作品是中年时期的创作。那时候气体充沛,识见成熟。少年时根基太浅,易意气用事。老年则敷衍了事太多。如彊村,他早年是宗法东坡的,后来学梦窗,专力涩体。以至于一时学者,写花不用花,偏要找个古代的生僻字来代替,坏掉了风气。夏(承焘)先生就从不作涩体。彊村所选《宋词三百首》,初刻本杭大中文系有藏,选梦窗太多。和唐(圭璋)先生后来的注本不一样。我对这个选本并不崇拜。一个人的前后都是变的,不要搞盲目崇拜。"(李保阳整理《吴熊和先生晚年谈话录》,《词学》第 32 辑,华东师范大学出版社,2014 年,第 220 页)

12 月,作《迁居启真名苑》(七律)。

本年,《唐宋词通论》列入《历代词通论》丛书,由上海古籍出版社出版。任丛书主编,并作《历代词通论总序》。

《总序》曰:

作为贯通诸说、横通条畅的"通论"之名,本多见于经学著作,如东汉沛献王辅作《五经论》,时号《沛王通论》(《后汉书》卷四二《沛献王辅传》),又晋束皙有《五经通论》(《晋书》卷五一《束皙传》),而清人姚际恒之《诗经通论》及皮锡瑞之《经学通论》,其尤著者也。以通论形式讨论词学,当始于张炎的《词源》。其"上卷详论五音十二律,律吕相生,以及宫调、管色诸事……下卷历论音谱、拍眼、制曲、句法、字面、虚字、清空、意趣、用事、咏物、节序、赋情、离情、令曲、杂论、五要十六篇,并足以见宋代乐府之制"(阮元《揅经室外集》卷三《四库未收书提要》)。如果再加上反映张炎论词之旨的陆行直《词旨》一书,可谓共同构成了一个比较完整的、横向的宋词研究体系。明清以来,词话盛行,通论体式反而隐没不彰。至二十世纪三十年代,先后出现了两部以通论为名的词学著作,即吴梅所著《词学通论》及薛砺若所著《宋词通论》。《词学季刊》第一卷第二号《词籍介绍》谓《词学通论》"先论平仄四声,次论韵,次论音律,次论作法。……自第六章以下,论列唐五代以迄清季词学之源流正变,与诸大家之利病得失"。其书前五章确为从体制、音律与作法方面横向展开,但占全书篇幅四分之三的后四章,实为一部纵向的简明词史。而薛砺若的《宋词通论》唯第一编总论涉及"作家及其词集"、宋词之社会内容、词风、宋代乐曲诸方面,其余六编则将整个宋词分为六个阶段予以分别评述,这部分就完全是宋词史的结构脉络了。

通论形式和词史形式,代表了词学研究的两种主要思路,大体而言,词史重在条贯,通论意在横通。但它们并非截然两歧的方向,而是互为补充的。没有横通的视野,词史易流于僵化简略;缺少条贯的史识,通论亦难免琐碎空疏。通论的长处在于可以针对某些重要的词学现象与问题作专题性的、较为透彻的深入研讨,并通过若干专题的展开与讨论,反映词这种文学—文化样式在一个时期的整体面貌与重心所在。因此,面对不同时期的词,通论的写法是可以不同的。对于研究唐宋时期的词而言是关键的、不可或缺的问题,却未必是其他阶段词的重心所在。如本丛书中的《唐宋词通论》与《金元词通论》所讨论的核心问题就有所差异。词的起源问题必须在《唐宋词通论》中加以探讨,全真道教词的问题则只能在《金元词通论》中进行展开。这说明通论的形式有可能提供一种富有个性和针对性的研究思路。研究者必须对研究对象有整体的判断,梳理出最核心、最本质的若干问题。这种以问题为导向的研究,可为将来重撰词史提供基本的考察维度。

有鉴于此,我们编撰了这套《历代词通论丛书》,分为《唐宋词通论》、《金元词通论》、《明词通论》、《清词通论》及《近代词通论》五部。其中前两部已有成书,此次增订重版,其余三部亦将陆续面世。这对于新世纪词学的进一步发展,或不无裨益。吴熊和,2010 年 8 月。

2011年　78岁

1月,病中接受弟子陶然访谈。

《词学访谈录》:"我十余年来苦于癌疾,闭门不出。近来更是足不良于行,手不能翻书作字,镇日枯卧而已。数年前曾有《蝶恋花》词自云:'剩有药炉共经卷,余年莫问长与短。'如今则唯存药炉,经卷藏书皆散尽,心绪亦与尘世相隔,得间偶以吟咏自适,亦不过怀师友、寄闲情,不足语著述之事矣。……我最近较多考虑文学的地域文化史问题。任何存在无非是两个东西,一个是时间,一个是空间。在时间上,绵延的是文学史;空间上,展开的是地域文化史。中国文学中有几种文体,地域文化的特色尤其明显,比如楚辞,完全就是地域文化的,词也是具有地域文化特色的。大西北本来是中国文化的发源地,可唐宋时没词人的。你看陕西出了多少诗人,可就只有司马光一首词。如把历代词人统计一下,会发现北方人很少,多数是南方人,从宋朝一直到清朝,都是如此。假如划得更细一点的话,可以划出几个某种文体特别发达的地区、集中产生出一批作家的地区,这是研究文学流派特别应予注意的,如常州词派等,完全是地域的,而且传承有绪,名家辈出,代不乏人,是其他地方无法比拟的。每个时代都有其文学中心,这些中心的地域色彩就特别明显,因为它有形成、养育这种文学的人文条件。但中国这样的文学中心是不多的,并非遍地都是。有些地方一直都是穷荒之地,有些地方开发得早一点,但是后来寂然无闻,有些地方开发迟一点,开头都是空白,都有的。你们有没有兴趣来研究一下,可以做很多统计,比如唐代文学哪几个地方是热点,这些地方进士出了多少人,诗人出了多少人。有的和政治环境的大变化有关,如北宋沦陷以后,大量移民南渡,文化中心南移,文化世族与文化精英南移,北方基本上成为空白。元好问他们几个都是孤立的点,洛阳、长安这些原来的文化中心都化为战场。除了考虑词人占籍,还应考虑词人创作活动的实际发生地。如柳永是福建人,但他的词大多作于汴京和江南,写福建的词基本没有。"(吴熊和、陶然《词学访谈录》,《中文学术前沿》第 1 辑,浙江大学出版社 2011年)。

《中文学术前沿》第 1 辑刊发胡可先《词心学脉的传承与拓展——吴熊和教授的词学渊源和贡献》。

3 月 3 日,与学人谈清词研究。

《吴熊和先生晚年谈话录》:"清词是一直都读的。像纳兰、蒋鹿潭、项莲生、龚定庵、文廷式等,尤其蒋鹿潭,他是苏北一介寒儒,游幕四方,但其词一点不沾寒酸气,格局大,反映了那个动荡的大时代。有人比之为词中老杜,我看是合适的。光是写些风花雪月的东西就没有意思了。龚自珍词的艺术性相当好。文廷式比所谓的四大家好多了。清词的实际成就敌不过清诗。叶恭绰《全清词钞》很糟糕,若据以研读清词,是不行的。清词虽然数量、家数多,但平庸之作更多,优秀的就那么几位。而清诗则不同,许多都是关心民瘼的,写到了当时的生活现实。最近我在《中华文史论丛》上看到一篇文章,是纠正严先生《近代词钞》小传的,写得很好。钱仲联先生的《近代诗钞》与严先生的《近代词钞》是相配的,可以一读。所谓清词中兴,只是回光返照罢了。"(李保阳整理《吴熊和先生晚年谈话录》,《词学》第 32 辑,华东师范大学出版社,2014 年,第 222 页)

5 月,作《贺陶然四十》二首(绝句)。

7 月 13 日,与学人谈近代词研究。

《吴熊和先生晚年谈话录》："我直到现在还最服膺章学诚。他说古籍必须淘汰拣选，不能一股脑儿盲目接受。所以你作近代词研究，一定要把这个倏忽即逝的时段的文学特色把握清楚。像四大家，同时也许比他们更加优秀的大有人在，只是没有被发现而已。他们的功绩在于校勘、刻书。"（李保阳整理《吴熊和先生晚年谈话录》，《词学》第32辑，华东师范大学出版社，2014年，第227页）

11月，作《怀高屋建瓴宏图，治学治校　具慧眼识人明鉴，重德重才——寿沈善洪校长八十华诞》。

文中曰："作为文科背景的校长，沈校长的长处是学术视野宽阔，敏感性较强，办事果敢，有魄力。他担任杭州大学校长期间，抓住了80年代中期中国高校难得的发展机遇期，对杭州大学进行了大刀阔斧的改革。杭州大学原来只有13个系，有较浓厚的师范院校印迹，沈校长上任后，陆续新增了经济、金融、法律、新闻、环境、计算机等系科，在一些传统老系中还增办了新的专业方向，如中文系就增加了古典文献、影视戏剧等专业，另外还设立了韩国研究所、日本研究所等，以加强对外联系和学术交流，将杭州大学扩充成为学科齐全、适应现代化建设新形势的综合性高校，把一个旧杭州大学变成了新杭州大学，把一个师范性的学校转变成为与现代教育制度接轨的、适应新形势的、在全国有重要影响力的高校，使学校的办学规模和质量有了极大的提升和飞跃。作为省属高校，杭州大学很多学科的科研与教学水平，与教育部直属重点高校相比毫不逊色。这些成就当然是全校师生员工共同努力的结果，但在很大程度上与沈校长高瞻远瞩的眼光、气魄以及执行力都是分不开的，这是沈校长对杭州大学乃至后来的新浙江大学的重要贡献。"（《怀高屋建瓴宏图，治

学治校　具慧眼识人明鉴,重德重才——寿沈善洪校长八十华诞》,《知行合一——沈善洪教授八秩寿庆文集》,浙江大学出版社 2011 年 11 月出版)。

12 月 20 日,作《喜读李剑亮教授新著论民国词因题四绝句》。

2012 年　79 岁

3 月,《文艺研究》第 3 期刊登《词学新境的建构与拓展——吴熊和教授访谈录》(作者陶然)。

3 月,指导应守岩撰写词学论文。

应守岩:"今年 3 月中旬,李丹学兄来杭,我俩同去看望业师吴先生。李兄在给拍照片时,端坐在轮椅上的吴先生突然问我:'这几天你有没有看过《钱江晚报》?'随后让师母把 3 月 7 日的《钱江晚报》交到我的手上。原来,这一天的《钱江晚报》刊登了介绍《西湖红颜》一书的文章。此书的作者在谈到李清照时说:'李清照在杭州待了二十多年,却从来没有提到过西湖,没有写过西湖的词。'吴先生说:'这是胡说八道!'大概是因为我曾写过《李清照与杭州》的论文(刊《文澜》2009 年第 2 期),他授意我写一篇批驳文章。为此,他不仅讲了李清照流落杭州后与秦桧夫人王氏的关系以及迁居泉州的赵明诚家属的关系,还特地叫师母找出徐培均先生的《李清照集笺注》一书交给我。后来我写了《李清照没有写过西湖词吗》一文,请先生过目,得到先生的认可。后此文刊发于《浙江杂文界》(2012 年第 2 期)。当我把此消息告诉先生时,先生也感到高兴。"(应守岩《素帖洒泪哭春风》,陶然编《吴熊和教授纪念集》,浙江大学出版社,2014 年,第 97 页)

4 月 5 日,作《追怀瞿禅师》三首(绝句)。后发表在夏承焘研究会编《夏承焘研究》,线装书局 2017 年出版。

184

"其一"注语曰:"师在杭书斋常悬一联:若到龙湫难落墨,不游雁荡是虚生。晚岁在京,与吴闻夫人诗云:与君今日无他愿,白首同归雁荡山。今虽仙去,当犹恋恋于雁山林泉水石间也。"

　　"其二"注语曰:"唐宋词人年谱十种,如词史奠基,近世文史名著也。以史学治词学,始于王国维《清真先生遗事》,师则继之为集大成者。"

　　"其三"注语曰:"天风阁,师晚年北京所居,月轮山,杭州所居。"

　　6月13日,与杨唐衍谈论清词研究。

　　杨唐衍《记与吴熊和先生的一次谈话》:"先生说,你要研究清词,很好,得多看文献典籍,最好要看古籍原书。研究古代文学不看原书不行。看了原书,感觉才会不一样。清词研究已经有很多成果了,要多了解多学习,饶宗颐先生对清词有关的论述很重要,可以多参考。另外清词流派兴盛,要多注意词派的研究,从词派的成员到作品,成员的地域、交往、酬唱,都要重视。词派地域很广,比如江苏、浙江、山东等地,都有各种词派存在,值得深入研究。但词社的影响反而要小一些,清代政府由于历史的原因,对结社非常忌讳而严格控制。"(杨唐衍《记与吴熊和先生的一次谈话》:陶然编《吴熊和教授纪念集》,浙江大学出版社,2014年,第155页)

　　7月,《放翁词编年笺注》(增订本)(与夏承焘合著,陶然订补)由上海古籍出版社出版。

　　陶然《订补后记》:"夏承焘、吴熊和《放翁词编年笺注》初版于一九八一年,以考订翔实、笺注精审而著称,虽历三十余载,至今为陆游词研究之基本文献及重要之整理成果。"(《放翁词编年笺注》增订本,第232页)

9月6日,台湾学者林玫仪教授到先生家中看望先生。李越深、李剑亮陪同。

林玫仪《怀念吴熊和先生》:"9月初到先生家中拜访,见他虽然略显清瘦,精神却还不错,一个多钟头中,相谈甚欢,我紧绷的心也慢慢放松了。"(林玫仪《怀念吴熊和先生》,陶然编《吴熊和教授纪念集》,浙江大学出版社,2014年,第69页)

10月12日,下午,因病情加重,住浙江新华医院治疗。

10月27日,下午,从浙江新华医院出院回家。期间,先生好友蔡义江教授及先生的弟子前往医院看望。

11月2日,因病在杭州家中逝世。

11月4日,先生亲属、好友及弟子在杭州殡仪馆为先生举行告别仪式。先生遗体同日火化。

11月25日,浙江大学中文系、中国古代文学与文化研究所举行吴熊和教授追思会,来自境内外各著名高校和科研机构的专家学者及吴熊和教授的生前好友、学生弟子,共130余人参加了追思会。

附　录

从《怎样读唐宋词》到《唐宋词通论》
——论吴熊和先生的词学师承

一

1985 年浙江古籍出版社出版了吴熊和先生的《唐宋词通论》。全书以词源、词体、词调、词派、词论、词籍、词学等七个方面系统地论述了唐宋词研究领域中的诸多重要命题,在前人研究的基础上,将词学研究推向了一个新的高度。

施蛰存先生曾以北山之名撰文评介《唐宋词通论》,曰:"此书总为七大章:(一)词源。(二)词体。(三)词调。(四)词派。(五)词论。(六)词籍。(七)词学。每章各有子目,论述详赡,为近年出版词学概论性著作之出众者。全书主体在第四、五章,论述亦最见作者学识。其他各章,不限于唐宋,亦可谓之'词学通论'。研究词学者,以此书为初阶,则有关词学之基础知识,大致

可得。"(北山《新出词籍介绍》,《词学》第 5 辑,1986 年)

这里,施蛰存先生有两点见解值得我们关注。第一,他认为《唐宋词通论》"全书主体在第四、五章,论述亦最见作者学识"。第二,他认为"研究词学者,以此书为初阶,则有关词学之基础知识,大致可得"。

我们认为,施蛰存先生如此评介《唐宋词通论》,从一个方面揭示了吴熊和先生词学的师承关系。

对此,我们不妨先从第二点说起。

施蛰存先生认为,"研究词学者,以此书为初阶,则有关词学之基础知识,大致可得",强调的是该书对研究词学者的指导作用。众所周知,无论是创作还是研究,历代学者都十分重视入门的路径。如宋代严羽在《沧浪诗话·诗辨》中即倡导学诗者,"入门须正,立志须高"。

而能示学人以门径的著作,需要著作者很深的学术功力,否则会将人引入歧途。施蛰存先生认为,《唐宋词通论》能示学词者以门径,这无疑是对这部著作的一种肯定。而《唐宋词通论》所具有的这种为学人指点门径的作用与特点,正是延续了作者20 世纪 50 年代与夏承焘先生合著的《怎样读唐宋词》的作用与特点。

为什么这么说呢?

仔细阅读《唐宋词通论》与《怎样读唐宋词》,便会发现两书在写作内容上有许多的关联之处。

首先,两书在目录的设置上存在相似性。且看两书的目录比对情况(表 1)。

表 1 《怎样读唐宋词》与《唐宋词通论》目录对照表

目录	《怎样读唐宋词》	《唐宋词通论》
第一章	词的起源与特点	词源
第二章	词的名称	词体
第三章	词调	词调
第四章	词与四声	词派
第五章	词韵的分部与协法	词论
第六章	词的分片与句式	词籍
第七章	词书	词学

通过列表可见,两书在目录的设置上,具有明显的相似性。《唐宋词通论》的目录设置沿袭了《怎样读唐宋词》目录设置的特点。具体表现为:有的名称相同,如两书的第三章均为"词调";有的名称相近,如两书的第一章,一为"词的起源与特点",一为"词源";又如,《怎样读唐宋词》第七章曰"词书",《唐宋词通论》第六章曰"词籍",两者也相近。

其次,两书的研究内容也互为关联。

两书在目录设置上的相似性,实际上是两书在研究内容上的关联性的一种体现。那么,《唐宋词通论》的研究内容与《怎样读唐宋词》存在怎样的关系呢?

这里,我们且以《唐宋词通论》第三章"词调"为例,考察其与《怎样读唐宋词》相关章节的关系。

《唐宋词通论》第三章"词调"下设五小节,《怎样读唐宋词》第三章"词调"下设七小节。具体见表2:

表 2 《怎样读唐宋词》与《唐宋词通论》第三章小节对照表

《唐宋词通论》第三章"词调"	《怎样读唐宋词》第三章"词调"
第一节 词调的来源	一、宫调与词调
第二节 曲类与词调	二、制调
第三节 词调的异体变格	三、择调
第四节 选声择调	四、作谱与填词
第五节 词调的演变	五、词调与文情
	六、词调的分类和变格
	七、词谱

尽管两书的小节数量有差异,但除了《怎样读唐宋词》七"词谱"一节外,两书的小节内涵都能相互对应。如,《唐宋词通论》第三章第一节"词调的来源"与《怎样读唐宋词》第三章二"制调"几乎完全对应。试看细目(表3):

表 3 《怎样读唐宋词》与《唐宋词通论》第三章一、二节细目对照表

《唐宋词通论》 第三章第一节 词调的来源	《怎样读唐宋词》 第三章二、制调
一、来自民间	(1)来自外域或边地
二、来自边地或外域	(2)来自民间
三、创自乐府	(3)依大曲、法曲制成
四、创自乐工歌妓	(4)创于乐工歌妓
五、摘自大曲、法曲	(5)创于官立音乐机构
六、词人自度曲	(6)词人自度或自制

很显然,两书在这关于词调来源问题上的结论是一致的,只是具体的论述有详略。

还有一类对应,则是在对有关内容整合后才体现出来的。如《唐宋词通论》第三章第四节"选声择调",所涵盖的是《怎样读唐宋词》第三章一"宫调与词调"、三"择调"、五"词调与文情"等内容。当然,《唐宋词通论》"选声择调"小节,在具体探讨"择声情"、"择新声"和"择曲名"等三个问题时,所涉及的范围和达到的深度都已超越了《怎样读唐宋词》。这体现了作者吴熊和先生随着自身学术研究的不断推进,对某些问题的认识也日趋深入。

由此可见,从 20 世纪 50 年代的《怎样读唐宋词》,到 20 世纪 80 年代的《唐宋词通论》,两者存在着明显的关联性。这种关联性,体现了吴熊和教授对夏承焘词学传统的一种师承。施蛰存先生将《唐宋词通论》视为指导词学研究者入门的著作,实际上揭示了《唐宋词通论》与《怎样读唐宋词》之间一脉相承的渊源关系。

二

吴熊和教授对夏承焘先生词学传统的师承,缘于吴熊和教授的治词经历。

吴熊和教授的治词经历,可以追溯到其研究生时期。1955年 7 月,吴熊和考入浙江师范学院中文系,随夏承焘先生研读唐宋词。对此,夏承焘《天风阁学词日记》有不少的记载。如 1955年 11 月 4 日《日记》曰:"夕古典文学教研组与语言学教研组研究生开座谈会,予与亮夫报告计划。予指导侯志明、王开富、吴熊和三研究生,两年间全盘负责。"

在随夏承焘先生学词的两年期间,吴熊和一方面开展研究、撰写论文,"夕研究生来谈李煜词。吴熊和写一论文,颇好"(《天风阁学词日记》1955 年 12 月 30 日);一方面帮助夏承焘先生整理论著书稿。"夕研究生来商作论文,侯志明、倪复贤欲为予整理《词例稿》(一部分),吴熊和欲为予整理《词源注》稿。"(《天风阁学词日记》1956 年 10 月 15 日)"校《唐宋词论丛》。雪克、吴熊和助校数种。"(《天风阁学词日记》1956 年 11 月 9 日)

　　本文重点关注的《怎样读唐宋词》一书的构思与撰写,便是在吴熊和随夏承焘先生读书的这两年内进行的。相关背景在夏承焘先生《天风阁学词日记》也有记录:

　　　夕写一《读词须知》大纲,属吴熊和写成一书。予所札《词例》及《填词四说》可增删为之。书成可名《读词初步》。(1956 年 11 月 25 日)

　　据此,夏承焘先生指导吴熊和撰写《读词初步》的时间在 1956 年 11 月 25 日。《读词初步》也就是吴熊和的研究生毕业论文《读词须知》。至第二年(1957 年)的 5 月,吴熊和便完成了初稿。夏承焘先生于 5 月 20 日为其修改论文,并于 5 月 28 日再次审阅[1]。两个月后,该书交与浙江人民出版社,由该社于当年 12 月出版。

　　该书由夏承焘先生与吴熊和共同署名,[2]由于吴熊和当年的研究生论文为《读词须知》,可以判断,《怎样读唐宋词》与《读词须知》在体例与内容上应具有同质性。换言之,《怎样读唐宋词》即是在《读词须知》的基础上完善而成。因此,《怎样读唐宋词》实际上是吴熊和与夏承焘先生合作研究的结晶。

　　基于这样的前提,我们认为,《唐宋词通论》与《怎样读唐宋

---

　　[1]　夏承焘《天风阁学词日记》1957 年 5 月 20 日:"改吴熊和论文。"1957 年 5 月 28 日:"夕阅吴熊和论文。"

　　[2]　夏承焘《天风阁学词日记》1957 年 7 月 29 日:"浙江人民出版社邹身城来,取去《怎样读唐宋词》稿一册。云十月底可出书。邹君要予与吴熊和同署名。"1958 年 1 月 2 日:"浙江人民出版社送来《怎样读唐宋词》十册,去年十二月出版。"

词》两书在章节设置和研究内容等方面的关联性,正是吴熊和在词学研究上师承夏承焘先生词学传统的一种体现。

但问题是,《怎样读唐宋词》一书,虽由夏承焘先生与吴熊和先生共同署名,但未标明具体的分工。因此,这对我们具体考察《唐宋词通论》与《怎样读唐宋词》的传承关系带来了一定的困难。为此,我们需要先考察《怎样读唐宋词》与夏承焘先生其他词学论著的关系,进而探寻夏承焘先生在《怎样读唐宋词》一书中的学术研究踪影。如此,方能真正揭示《唐宋词通论》与《怎样读唐宋词》之间的传承关系。

三

那么,我们能否在夏承焘先生的其他著作中觅得与《怎样读唐宋词》之间的联系呢?为此,我们需要将《怎样读唐宋词》与夏承焘其他著作进行对照阅读。

检读夏承焘先生的众多著作后,我们发现,与《怎样读唐宋词》在内容上存在密切关系的,是夏承焘先生的《填词四说》、《唐宋词声调浅说》、《词韵约例》、《唐宋词字声之演变》等论著。前两篇收录在《词学论札》(见《夏承焘集》第八册),后两篇收录在《唐宋词论丛》(见《夏承焘集》第二册)。具体表现见表4。

表4 《怎样读唐宋词》与夏承焘其他论著对应关系

《怎样读唐宋词》	其他论著
第三章词调	《唐宋词声调浅说》
第四章词与四声	《填词四说·第二说"声"》
第五章词韵的分部与协法	《填词四说·第三说"韵"》
第六章词的分片与句式	《填词四说·第四说"片"》

《唐宋词声调浅说》一文,包含以下几个小节:(一)词和音乐的关系;(二)词调;(三)词调的来源;(四)择调;(五)声调和文情;(六)词谱简介。该文中的"词调"与《怎样读唐宋词》第三章"词调"中的"宫调与词调",从观点到举例以及行文都有不少的相同之处。

　　比较而言,《填词四说》与《怎样读唐宋词》的关系更为密切。《怎样读唐宋词》的第四章、第五章、第六章,其观点、例证以及行文,大多与《填词四说》一致。

　　如《怎样读唐宋词》第三章"词调"论及去声字运用特点时,是这样表述的:

　　有些词调,今但以文字声调读之,也可以知道他必须用去声而不可改用平、上、入的。如陆游的《恋绣衾》:"不惜貂裘换钓篷,嗟时人谁识放翁。归棹借樵风稳,数声闻林外暮钟。幽栖莫笑蜗庐小,有云山烟水万重。半世向丹青看,喜如今身在画中。"去声字都用在每句的韵脚之上,必非偶然。又《太常引》的两结,辛弃疾词一首作"被白发欺人奈何"、"人道是清光更多",又一首作"却弹作清商恨多"、"且痛饮公无渡河",杨果词作"直推上淮阴将坛"、"道蜀道如今更难",这些去声字都不可改用平、上、入声。

　　而《填词四说·第二说"声"》的表述为:

　　去声字不可改作上入者。陆游《恋绣衾》云:"不惜貂裘换钓篷,嗟时人谁识放翁。归棹借樵风稳,数声闻林外暮钟。幽栖莫笑蜗庐小,有云山烟水万重。半世向丹青看,喜如今身在画中。"加"·"处皆是去声,其地位皆在韵脚之上,断非偶合。又《太常引》两结,辛弃疾作"被白发欺人奈何"、"人道是清光更多",又一首作"却弹作清商恨多"、"且痛饮公无渡河",杨果词作"直推上淮阴将坛"、"道蜀道如今更难";许有壬作"笑画里凌波未真"、"也做得江湖散人";与此同体。

《怎样读唐宋词》之所以如此广泛地吸收《填词四声》的观点与材料,与当年夏承焘先生指导吴熊和的写作要求是一致的,即要求吴熊和依据其"所札《词例》及《填词四说》可增删为之"的方式来写作。

当然,《怎样读唐宋词》在吸收《填词四声》等论著中相关观点与材料的同时,也有新的发现与补充。如,《怎样读唐宋词》第三章"词调"部分的最后有如下论述:

有些词调唐词和宋词的宫调不同。如《碧鸡漫志》卷四:"《河传》,唐词存者二:其一属南吕宫,凡前段平韵,后仄韵;其一乃今《怨王孙》曲,属无射宫。以此知炀帝所制《河传》不传久矣。然欧阳永叔所集词内《河传》,附越调,亦《怨王孙》曲;今世《河传》,乃《仙吕调》。"这是由于转调的关系。

这里,作者指出"有些词调唐词和宋词的宫调不同"的现象,依据是南宋王灼《碧鸡漫志》中的相关文献记载,并认为这一现象的产生"是由于转调的关系"。而这样的观点表述在夏承焘《填词四说》、《唐宋词声调浅说》等文章中并没有论及。可以推断,这是吴熊和自己在研究过程中的新发现和新见解。因为,他受到了王灼《碧鸡漫志》的启示。

对于王灼《碧鸡漫志》文献材料所提炼出来的这一观点,吴熊和先生比较重视。他在《唐宋词通论》第三章"词调"的第三节"词调的异体变格"中设"转调"一小节,深入、细致地探讨转调的现象,认为"词调中的转调,大致有三种情况":一是转换宫调,并不变动字句;二是转换宫调,同时变动字句;三是转换宫调,字句不变而叶韵变动。所运用的文献材料仍包含《碧鸡漫志》在内,指出：“《碧鸡漫志》卷三至卷五考证曲调源流，谈到唐宋乐曲很多转调的情况，但何者为本曲，当时已不能尽知，如《荔枝香》‘今歇指、大石两调，皆有近拍，不知何者为本曲’。”这表明，吴熊和依据《碧鸡漫志》等材料，对词调转调现象以及原因的思考不断深入，论述也更趋严密。

由此可见，《怎样读唐宋词》确实吸收并汇聚了夏承焘先生的许多学术见解与学术观点。有了这样的论证，我们可以得出结论，那就是从《怎样读唐宋词》到《唐宋词通论》，确实贯穿一种学术传承的关系，即吴熊和先生对夏承焘先生词学传统的师承关系。而且，这样的师承关系，即有传承，又有创新。从而真正体现了师承的精髓。

四

当然，师承的真正价值在于，在继承师辈学术传统的基础上，有所突破，有所创新。那么，《唐宋词通论》与《怎样读唐宋词》相比，又有哪些突破与创新之处呢？

这里，我们依然引施蛰存先生的评价来考察这个环节。施蛰存先生认为，《唐宋词通论》“全书主体在第四、五章，论述亦最见作者学识”。

以“识”评价学者的成就，自古以来就是一种很高的评价。唐代史学理论家刘知几认为：“史才须有三长”，“三长，谓才也，学也，识也。”（《旧唐书》卷一〇二《刘子玄传》）所谓“史才”，是指写史的能力；“史学”是指具有渊博的历史知识，掌握丰富的历史资料；“史识”是指对历史是非曲直的观察、鉴别和判断能力。在刘氏看来，作为史官，三者不可缺一，其中尤以“史识”最为重要。宋代诗学理论家严羽在其《沧浪诗话·诗辩》中也指出：“夫学诗者以识为主",同样体现了对治学者的学识的重视。

　　施蛰存先生认为《唐宋词通论》第四、五章"论述最见作者学识",即是对该书第四章、第五章学术成就的充分肯定。

　　那么,《唐宋词通论》中的这两章的内容,又是如何体现"作者学识"的呢? 我们首先回顾一下这两章的主要内容及其观点。

　　首先,看《唐宋词通论》第四章"词派"。

　　词派研究,实为词史研究的重要组成部分。词史的发展,看似漫无目的、自由自在,但词坛的走向,事实上都受每个时期的词人群体甚至某一重要词人的词学观念和创作行为所左右。为此,吴熊和先生一改以往那种只是简单断代叠加的词史叙述方式,而是选取一些在词史上既承前又启后的词人作为重点研究的对象。因为这样的词人,引领词坛风尚,甚至决定词坛走向,从而在整个词史上拥有一席之地。因此,研究者一旦抓住了这些重要词人的创作特点和作品价值,便自然能对他所处的那个词坛的特点进行客观、深入的揭示与评价。

　　为此《唐宋词通论》在"词派"部分,在介绍与评价词人(群)时,特别看重其在词史上的地位。或着眼于词人个人的独特价值,如"有井水处皆歌柳词"(第五节)、"苏轼指出向上一路,全面改革词风"、"姜夔句琢字炼,归于醇雅"等章节,即突出柳永、苏轼和姜夔等词人在词史上的独特性。

　　或立足于词人与其他词人甚至整个词坛的关系,如"齐梁诗风下的《花间集》"(第三节)、"南唐君臣与宋初词坛"(第四节)、"靖康之变前后的李清照"(第八节)、"辛弃疾与南宋爱国词"(第九节)等章节,将花间词人、南唐君臣、李清照、辛弃疾等词人分别放置于其所处的特殊的时代之中来观照,从而揭示了其与当时词坛的关系,从而展示一段词史的发展轨迹。

这样的研究思路与研究方法,体现了吴熊和先生在词派研究中,既重视微观关注,更强调宏观把握的治学特点,也正因为如此,吴熊和先生在《唐宋词通论》中,以精炼的文字,清晰的脉络,勾勒出了从唐五代到宋元之际的词史发展轨迹,从而使词派研究最大程度地接近词史的本来面目。这样的研究思路与研究方法,以及由此而取得的研究结论,在当时实属难得。而这也是吴熊和先生在传承夏承焘先生词学传统过程中表现出来的一种学术创新。

其次,看第五章"词论"。

吴熊和先生之所以在《唐宋词通论》中专设"词论"一章,是因为他认识到了"词论"研究的重要性与必要性。对此,吴熊和先生是这样分析的:

两宋词论词评是宋代词学的重要部分,也是我国古代诗歌理论批评的一个别开生面、自成体系的旁支。有关词的律调体式,各家词风的异同及其比较,两宋词派的构成与其间递嬗演变之迹,都有所论及,应该受到重视。郭绍虞先生《中国文学批评史》于宋代诗论论述甚详,独于词论概付阙如,殊为可惜。

这段论述,体现了吴熊和先生对两宋词论意义和价值的重视。正是由于具有这样一种识见,吴熊和先生将"词论"纳入自己的研究范畴。为此,吴熊和先生对后蜀欧阳炯《花间集序》以来,包括宋代杨绘《本事曲》、苏轼及苏门词论、李清照《词论》、陆游词论、张炎《词源》等重要的词学论著和词学理论,逐一探究其独特的理论价值以及在整个文学批评史上的意义,从而梳理出一条清晰而丰满的词论发展轨迹。

施蛰存先生将吴熊和先生的这部分研究同样视为反映吴熊和先生"学识"的具体体现,概由此而论也。

虽然,吴熊和先生将自己的这一研究工作谦逊地自评为"稍事钩稽,略作疏说,够不上对两宋词论的系统说明,不过为现今一些批评史中的阙史权作补白而已",但事实上,他对"词论"的研究,在当时已达到了相当的高度。更有意义的是,在他这种探索精神的影响下,词学界对词论的研究日趋重视,并出现了不少高质量的研究成果。

综上所述,在吴熊和先生的词学研究历程中,体现了其对夏承焘先生词学传统的师承。同时,吴熊和先生的词学研究又能够在师辈的基础上有所创新。而且,这样的创新在《唐宋词通论》之后的论著中仍在继续。如对于词乐、词调的研究,是吴熊和先生当年随夏承焘先生学词时就十分用力的题目,其研究成果,既反映在《怎样读唐宋词》中,也体现在《唐宋词通论》中。而且在《唐宋词通论》之后,吴熊和先生仍没有停止对这一题目的研究,他将该问题的研究视野扩展到了"高丽唐乐与北宋词曲"这一领域。吴熊和先生指出,前人虽然已重视运用《高丽史·乐志》的相关资料来研究北宋与高丽的音乐、文学交流,"但有个问题尚待解决,那就是这些宋人词曲究竟于何时、并以何种途径传入高丽的?过去有关这个问题的解说疑窦甚多"。于是,吴熊和先生运用丰富的文献资料,深入、细致地考察与梳理北宋与高丽音乐及词曲交流的过程,认为"这种交流,盛于熙宁、元丰,元祐间暂时受阻,崇宁、大观以后,则又一度复盛。《高丽史·乐志》中宋人词曲传入高丽的时间,与上述过程正相一致。"从而否定了"认为这些宋人词曲要到宋赐大晟乐时方始东传的说法"。

吴熊和先生对这一问题的研究成果,在 20 世纪词学界广受关注。《20 世纪中国学术文存》(陈平原主编)之《词曲研究》(王小盾、杨栋编,湖北教育出版社 2004 年)收录了 20 世纪词学研究论著 16 篇。吴熊和先生的这篇《高丽唐乐与北宋词曲》与夏承焘先生的《唐宋词字声之演变》均被收录在内。这两篇分别代表两人学术研究成就与特色的文章,从一个角度体现了吴熊和先生与夏承焘先生在词学研究上的师承关系,那就是,两人均十分重视词乐、词曲的研究。而作为学生的吴熊和教授从事"高丽唐乐与北宋词曲"的研究,既体现了其与夏承焘先生的师承关系,更体现了他在传承老师夏承焘先生的学术传统的同时,有所突破,有所创新。

图书在版编目(CIP)数据

吴熊和学术年谱/ 李剑亮著 . —杭州:浙江大学
出版社,2020.8
ISBN 978-7-308-20460-6

Ⅰ.①吴… Ⅱ.①李… Ⅲ.①吴熊和(1934—2012)—
年谱 Ⅳ.①K825.6

中国版本图书馆 CIP 数据核字(2020)第 145268 号

吴熊和学术年谱

李剑亮 著

策　　划	宋旭华　　王荣鑫	
责任编辑	吕倩岚	
责任校对	蔡帆	
封面设计	项梦怡	
出版发行	浙江大学出版社	
	(杭州市天目山路 148 号　邮政编码 310007)	
	(网址:http://www.zjupress.com)	
排　　版	浙江时代出版服务有限公司	
印　　刷	浙江新华数码印务有限公司	
开　　本	880mm×1230mm　1/32	
印　　张	7	
字　　数	175 千	
版 印 次	2020 年 8 月第 1 版　2020 年 8 月第 1 次印刷	
书　　号	ISBN 978-7-308-20460-6	
定　　价	68.00 元	